DAS KURFÜRSTLICHE SCHLOSS ZU BONN

Von der Residenz zur Universität

zweite, erweiterte Auflage

von Norbert Flörken (Hrg.)

Das Titelbild ist 2017 photographiert worden von *luftbild.siebengebirge@googlemail.com* under CC-BY-SA-4.0.

Rechtschreibung und Zeichensetzung der Vorlagen sind beibehalten worden, gegebenenfalls sind Namen in der modernen Schreibweise hinzugefügt worden. Die Punkte hinter den einfachen Zahlen, z. B. den Jahreszahlen, sind weggelassen worden. Die Texte der historischen Vorlagen stehen in dieser Serifenschrift, Zusätze und Ergänzungen des Bearbeiters oder der Moderne in dieser serifenlosen Schrift oder in [ ]. Die Klammern der Vorlage ( ) sind durch { } oder – – ersetzt worden. Streichungen des Herausgebers stehen in ( ). Die Bilder und Texte sind in Endnoten nachgewiesen. Beim Seitenwechsel wurde die anfallende Trennung aufgehoben. Die häufigen Sperrungen bei Eigennamen oder Ortsnamen wurden nicht übernommen. Die Angaben zu Personen, Orten oder Sachen sind dem Portal Wikipedia entnommen. – Mein besonderer Dank gilt wieder den Mitarbeitern und Mitarbeiterinnen des Stadtarchivs und der Stadthistorische Bibliothek Bonn (StA), des Stadtmuseums Bonn (StM), des Archivs der Universität Bonn (UA), des Museums der Universität (UM) und der Universitäts- und Landesbibliothek Bonn (ULB).

Zur zweiten Auflage:
Das Buch ist um einige Abbildungen aus dem Universitätsarchiv erweitert worden.

Bibliographische Information der Deutschen Nationalbibliothek: Die Deutsche Nationalbibliothek verzeichnet diese Publikation in der Deutschen Nationalbibliographie, detaillierte bibliographische Daten sind im Internet über http://dnb.dnb.de abrufbar.

Impressum

© Norbert Flörken
Verlag: BoD · Books on Demand GmbH, Überseering 33, 22297 Hamburg, bod@bod.de
Druck: Libri Plureos GmbH, Friedensallee 273, 22763 Hamburg
ISBN: 978-3-8192-0013-7

Inhalt

Vorwort

Bevor das Hauptgebäude der Bonner Universität, das ehemalige Kurfürstliche Residenzschloss, für Jahre vermutlich hinter Gerüsten und Planen verschwindet, soll dieses kleine Bändchen mit Bild und Text an die wechselvolle Geschichte dieses Platzes durch die Jahrhunderte erinnern. So wie es sich zur Zeit – noch – darstellt, hat sich das barocke Schloss immer nur wenige Jahre dargeboten: von ca. 1755 bis 1777, von 1930 bis 1944 und von 1968 bis heute – ansonsten war es teilweise zerstört bzw. eine halbe Ruine oder unvollendet.

Bonn, den 20. Mai 2022 Norbert Flörken

Die zweite Auflage ist erweitert worden um die Abbildungen, die im Archiv der Universität lagern. Herrn Dr. Thomas Becker und seinen Mitarbeitern und Mitarbeiterinnen sei für ihre Unterstützung gedankt.

Bonn, den 01. Juli 2025 Norbert Flörken

Ich tat große Dinge: Ich baute mir Häuser, ich pflanzte mir Weinberge, ich machte mir Gärten und Lustgärten und pflanzte allerlei fruchtbare Bäume hinein; ich machte mir Teiche, daraus zu bewässern den Wald grünender Bäume. Ich erwarb mir Knechte und Mägde und hatte auch Gesinde ... Ich sammelte mir auch Silber und Gold und was Könige und Länder besitzen; ich beschaffte mir Sänger und Sängerinnen und die Wonne der Menschen, allerlei Saitenspiel. [Prediger II, 4 ff.]

Einleitung

Um die Zeitenwende befestigten die Römer entlang des Rheins das linke Rheinufer mit Militärlagern (*castra*), von Basel bis Nimwegen, aus denen sich im Laufe der Jahrhunderte ansehnliche bis bedeutende Städte entwickelten. Am Übergang vom Mittel- zum Niederrhein waren dies *Colonia Claudia Ara Agrippinensium/CCAA* (Köln) und *Castra Bonnensia/Bonna* (Bonn), wobei *CCAA* das ökonomisch/politische Zentrum Niedergermaniens war und Bonna eine Garnisonstadt[1] auf einer leichten Bodenwelle gegenüber der damaligen Mündung der Sieg in den Rhein. Südlich des *castra*, bis zum späteren Regierungsviertel, entwickelte sich die Lagervorstadt (*canabae* oder *vicus*), mit Wohnbebauung, Handwerksbetrieben und Gräberstätten.

Als nach der Völkerwanderung die politischen und militärischen Strukturen des *imperium Romanum* zusammenbrachen (um 450 n. Chr.[2]), verlor auch das *castra* seine Funktion z. B. als Zufluchtsort der Zivilbevölkerung; die wenigen tausend Einwohner – nunmehr auch zunehmend christianisiert – zogen um in die Nähe eines Gräberfeldes, wo sie sich zum Beten versammelten: das Gelände der heutigen Münsterkirche.

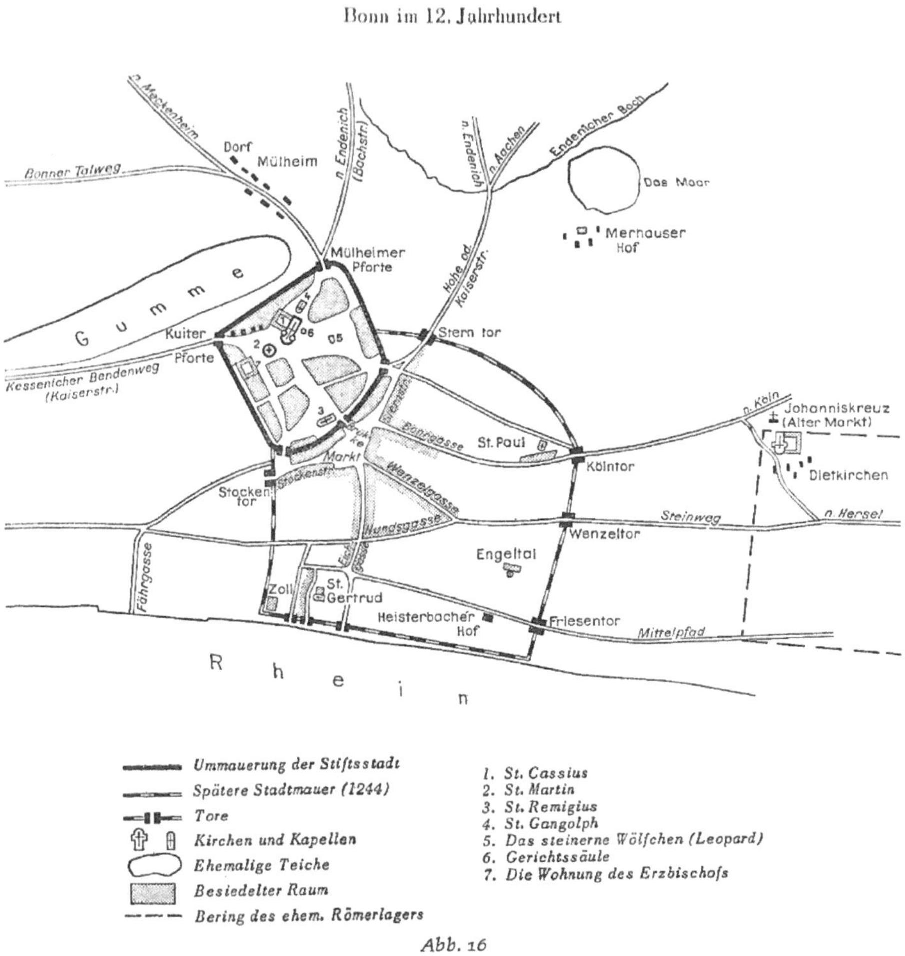

Abb. 1: Bonn im 12. Jahrhundert (Niessen 1956, 63)

---

[1] Rekonstruiertes Modell bei T. Valk in (Claßen/Rind/Schürmann/Trier 2021, 25).
[2] Siehe J. Wegmann in (Claßen/Rind/Schürmann/Trier 2021, 187), ähnlich Horn in (Horn 1987, 316).

7

Die gestrichelte Linie am rechten Rand zeigt den südlichen Bereich des *castra*, inklusive Dietkirche.

Entlang des Rheins haben im Übergang von der Antike zum Mittelalter meist die Bischöfe die Landesherrschaft übernommen[3] und sich später von König oder Kaiser darin bestätigen lassen. Die Kölner Erzbischöfe gerieten aber bis ins 13. Jahrhundert immer wieder in Streit mit der Bürgerschaft ihrer Stadt; vor 1288 wurden sie zuweilen von den Kölnern festgesetzt und erst gegen Lösegeld freigelassen. So ist es nicht verwunderlich, dass sie sich immer öfter in die Nachbarschaft zurückzogen: nach Bonn. Dort an der südlichen Mauer des Stiftsbezirks hatten sie eine ›Burg‹, eine ›Cantzeley‹ oder ›Hofhaltung‹ gebaut, in der sie im 13. Jahrhundert immer öfter Urkunden ausstellten[i]. Und nach der Schlacht von Worringen 1288 machte Erzbischof Sifrid von Westerburg notgedrungen Bonn zu seinem Wohnsitz; die späteren Erzbischöfe folgten seiner Entscheidung.

Die älteste Darstellung Bonns ist in einem spätmittelalterlichen Bild gleichsam versteckt: Der ›Meister der Verherrlichung Mariens‹ hat etwa 1480 in seinem Gemälde „Verherrlichung Mariens, Anna Selbdritt und die Heiligen Christopherus, Gereon und Petrus" diese sechs Personen vor dem Panorama Kölns dargestellt; im fernen Hintergrund ist die Silhouette Bonns winzig und kaum erkennbar gemalt.[4]

Die Abbildungen des 16. und 17. Jahrhunderts (Pannensmit, Hogenberg, Hollar, Merian) zeigen an der Stelle des späteren Schlosses ein Ensemble mehrerer Gebäude – keineswegs beeindruckend, im Stadtgefüge eher unauffällige Zweckbauten. Bei der Belagerung 1689[5] sind sie – wie die meisten Häuser der Stadt – weitgehend zerstört worden. Der neue Erzbischof und Kurfürst, Joseph Clemens[6] von Bayern, der vierte (1688-1723) von fünf Wittelsbachern auf dem Kölner Bischofsstuhl, sah sich jetzt vor die Aufgabe gestellt, die Stadt und seine Residenz wieder aufzubauen – und das aus dem französischen Exil in Valenciennes, wohin er von 1701 bis 1715 vor Kaiser und Reich geflüchtet war. Dort vertraute er den Neubau den Baumeistern Enrico Zuccali[7] und Robert de Cotte[8] an, von denen mehrere Entwürfe überliefert sind. Der Stil ist zunächst italienisch, dann französisch, Anklänge an das Schloss von Versailles sind nicht zufällig. So ist der offizielle Eingang – oder auch die Einfahrt – seitlich in der Längsachse des Gebäudes, auch wenn die

Abb. 2: Joseph Clemens, Valenciennes 1713

---

[3] So z. B. der heilige Severinus im Noricum um 450 n. Chr. („Vita Sancti Severini" des Eugippius, Kap. 3).

[4] siehe (Lange 2012, 10 f).

[5] siehe (Flörken, Die Belagerung und Zerstörung Bonns 1689. Ein Lesebuch. 2015).

[6] Joseph Clemens Kajetan von Bayern (* 5. Dezember 1671 in München; † 12. November 1723 in Bonn) war von 1688 bis 1723 Erzbischof von Köln, Kurfürst des Heiligen Römischen Reiches, Landesherr des Erzstifts Köln und Erzkanzler für Reichsitalien sowie Inhaber anderer reichsfürstlicher Bischofsstühle und kirchlicher Würden. – Das Bild von Joseph Vivien (Wikpedia).

[7] Enrico Zuccalli, eigentlich Johann Heinrich Zuccalli (* um 1642 in Roveredo (Kanton Graubünden); † 8. März 1724 in München) war ein Schweizer Architekt und Baumeister. Er war seit 1674 bayerischer Hofbaumeister und gilt als der Hauptvertreter des Münchner Hochbarocks.

[8] Robert de Cotte (* 1656 in Paris; † 15. Juli 1735 in Passy bei Paris) war ein französischer Baumeister, Hofbaumeister und Innenausstatter.

innerstädtische Bebauung eine majestätische Ansicht aus der Ferne ausschliesst. Nach dem damaligen Geschmack musste ein Schloss vor allem durch Länge imponieren und Sichtachsen in der Landschaft folgen. So konnte einerseits gestützt von der Topographie die Sichtachse zur Kreuzbergkapelle eingehalten werden, andererseits die Verlängerung bis zum Ende der frühbarocken Stadtbefestigung (›Alter Zoll‹) geplant werden[9].

Die Finanzierung dieses für damalige Verhältnisse gewaltigen Bauvorhabens ist nicht eindeutig geklärt; die Einnahmen aus der Landwirtschaft können nicht besonders hoch gewesen sein, da der Erzbischof/Kurfürst nur etwa 1,4 Prozent der landwirtschaftlich nutzbaren Fläche im Erzstift[10] besass. Reichlicher sprudelten gewiss die Gelder aus den Rheinzöllen bei Uerdingen, Zons, Bonn und Andernach. Immerhin verzichtete Kurfürst Joseph Clemens aus Geldmangel[11] auf weitergehende Ausbaupläne de Cotte's und auf die Anlage eines Kanals bis zum Poppelsdorfer Schloss.

Nicht zu vernachlässigen sind die Subsidiengelder[12] z. B. der französischen Könige, mit denen diese sich die Gefolgschaft der Kölner Kurfürsten sicherten, und die Einnahmen aus den fünf Bistümern, die – später – Clemens August[13] den spöttischen Titel *Monsieur des cinque églises* einbrachte. Nicht zuletzt war jener Clemens August auch Hochmeister des Deutschen Ordens mit Sitz in Mergentheim[14] oder Mainau.

Auch die neuere Literatur schweigt sich zu den Baukosten aus, obwohl mehrere Handwerkerrechnungen[15] überliefert sind. Das ist nicht ganz unwichtig, denn konsumtive Ausgaben wie der Bau[16] von repräsentativen Residenzen belasteten die ökonomische Bilanz eines Landes und provozierten den Vorwurf der Verschwendung, mithin die sachliche Berechtigung einer Revolution. Freilich sind die Vorwürfe, die dem letzten Kölner Kurfürsten Max Franz in dieser Hinsicht gemacht werden, stark übertrieben und nicht vergleichbar mit den haarsträubenden Zuständen im Frankreich der 1780er Jahre[17].

Die knapp 40jährige Regierungszeit Clemens Augusts († 1761) war gewiß die prächtigste Zeit des Bonner Hofes – wenn man die ökonomischen Folgen und politischen Verhältnisse einmal beiseite lässt. Seine Nachfolger – beide keine Wittelsbacher mehr –

---

[9] Zuletzt blieb aber doch eine Lücke, die von dem Gärtnerhaus des ehemaligen kurfürstlichen Schlosses, Geburtshaus von Peter Joseph Lenné („Lenné-Haus") gefüllt wurde.

[10] Siehe Seite 18.

[11] «Mes finances étant effroyablement dérangées par l'opiniâtreté et les mauvaises intentions de mes Etats, en haine de mon alliance avec le feu Roy tres Chrétien [Louis XIV], de très glorieuse mémoire [...]» Joseph Clemens an de Cotte 1717, aus: (Renard, Die Bauten der Kurfürsten Joseph Clemens und Clemens August von Köln, I 1896, 167).

[12] 1750 400.00 Florinen jährlich von Österreich und England, 1751 270.000 jährlich von Frankreich (Renard, Die Bauten der Kurfürsten Joseph Clemens und Clemens August von Köln, I 1896, 169). Der Rohbau bis 1702 kostete 68.000 Thaler (Renard, Die Bauten der Kurfürsten Joseph Clemens und Clemens August von Köln, I 1896).

[13] Clemens August Ferdinand Maria Hyazinth, Herzog von Bayern (* 16. August 1700 in Brüssel[1]; † 6. Februar 1761 in Koblenz) war als Clemens August I. von 1723 bis 1761 Erzbischof von Köln und damit gleichzeitig Kurfürst des Heiligen Römischen Reiches, Landesherr des zugehörigen Erzstiftes sowie der Nebenländer Recklinghausen und Westfalen. Außerdem war er qua Amt *Legatus natus* des Heiligen Apostolischen Stuhls zu Rom und Erzkanzler für Reichsitalien. Des Weiteren vereinte er die Ämter des Hochmeisters des Deutschen Ordens (1732–1761), des Fürstbischofs von Regensburg (1716–1719), Paderborn (1719–1761), Münster (1719–1761), Hildesheim (1724–1761) und Osnabrück (1728–1761) sowie anderer kirchlicher Würden in sich. – Zu den „Qualifikationen" der deutschen (Fürst-)Bischöfe siehe (Wolf 2020, 132 ff).

[14] 1791 hat hier das kurkölnische Orchester – darunter der junge Ludwig van Beethoven – musiziert.

[15] (Hartmann, Die Baugeschichte von 1723-1777 2007, 67), (Renard, Die Bauten der Kurfürsten Joseph Clemens und Clemens August von Köln, I 1896) und z. B. (Renard, Die Bauten der Kurfürsten Joseph Clemens und Clemens August von Köln, II 1896, 47 f): 1732: 21.000 Taler; 1743: 8.790 Taler; 1744-48: 20.000 Taler; 1750-1755: 272.00 Taler.

[16] Max Emanuel, der bayrische Kurfürst und Bruder des Kurfürsten Joseph Clemens, schenkte 1721 diesem Stufen aus weißem, bläulichen und rotem Marmor für sein Treppenhaus am Ehrenhof. (Möller 2007, 52).

[17] Siehe z. B. (Wolf 2020, 26 ff).

mussten sparen (Max Friedrich) oder sich mit den neuen Ideen der Aufklärung auseinandersetzen (Max Franz). 1794 war dann die feudale Herrlichkeit zu Ende, als das revolutionäre Frankreich in Kurköln einmarschierte und der Kurfürst über den Rhein in seine westfälischen Besitzungen und später in seine österreichische Heimat floh. Jetzt standen die kurfürstlichen Behausungen zunächst leer oder wurden umfunktioniert: So wurde die Schloßkirche, in der der junge Ludwig van Beethoven die Orgel gespielt hatte, zum ›Tempel der Vernunft‹:

> Da die katholische Religion mit der Messe allgemein in Frankreich abgeschafft und die Göttin der Vernunft als der wahrer Gott eingeführt war, so wurde vor allem der Altar aus der [Schloss-]Kapelle entfernt. Alle Figuren und Bilder, welche auf Religion und Christenthum Bezug hatten, zertrümmerte man und verbrannte den größten Theil derselben. Vor dem früheren Altare erhob sich eine große Rednerbühne, zu welcher breite Stufen hinauf führten. Von dort sprachen die Patrioten zum Volke über Aufklärung und alle möglichen Gegenstände, nur nicht über solche, die auf die eigentliche Religion Bezug hatten. Am 2. Pluviose [=21.01.1799] fand die Eröffnung des Dekadentempels als Erinnerungsfeier des Todestages Ludwig XVI. statt.[ii]

Später richtete man doch in den Räumen des Schlosses das *Lycée* ein. (Weiter → Seite 98).

1575 F. Hogenberg: »Verona[18] nunc Bonna«, Ausschnitt[iii]

Abb. 3: Verona nunc Bonna 1575

Auf dem ansonsten detailreichen Kupferstich von 1575 ist am linken Rand ein grösseres Gebäude mit vier Türmen zu sehen. Es soll wohl die Stadtmauer darstellen; das Schloss – oder wie es damals hiess: die kurfürstliche Kanzlei oder Hoffhaltung – dürften weiter rechts (verdeckt) nahe bei der Münsterkirche sein.

Abb. 4: Verona nunc Bonna 1620

45 Jahre später sind diese vier Türme noch deutlicher zu sehen, am linken Rand sind das Zollhaus und die Windmühle hinzugekommen.

*Frans Hogenberg (* 1535 in Mechelen; † 1590 in Köln) war ein Kupferstecher und Radierer, der ab 1572 zusammen mit Georg Braun das Städteansichtenbuch* Civitates Orbis Terrarum *herausgab. Das Druckwerk* Civitates Orbis Terrarum *umfasst über 600 wirklichkeitsnahe Stadtansichten und Stadtpläne mit einem Gesamtumfang von ca. 1.600 Seiten im Format 280×410 mm. Sie wurden in sechs Bänden zwischen 1572 und 1618 herausgegeben und zeigten alle größeren Städte in*

---

[18] Zur Verona-Diskussion siehe den einschlägigen Aufsatz von Wilhelm Levison in (Levison 1948).

Europa, Afrika, Asien und sogar in Amerika. Als Verleger fungierte Georg Braun, ein Theologe, der von 1541 bis 1622 lebte. Frans Hogenberg war der Graveur für die ersten 4 Bände.

1584 Jan 28 F. Hogenberg: Die Kapitulation der Truchsessischen vor dem Stockentor, Ausschnitt[iv]

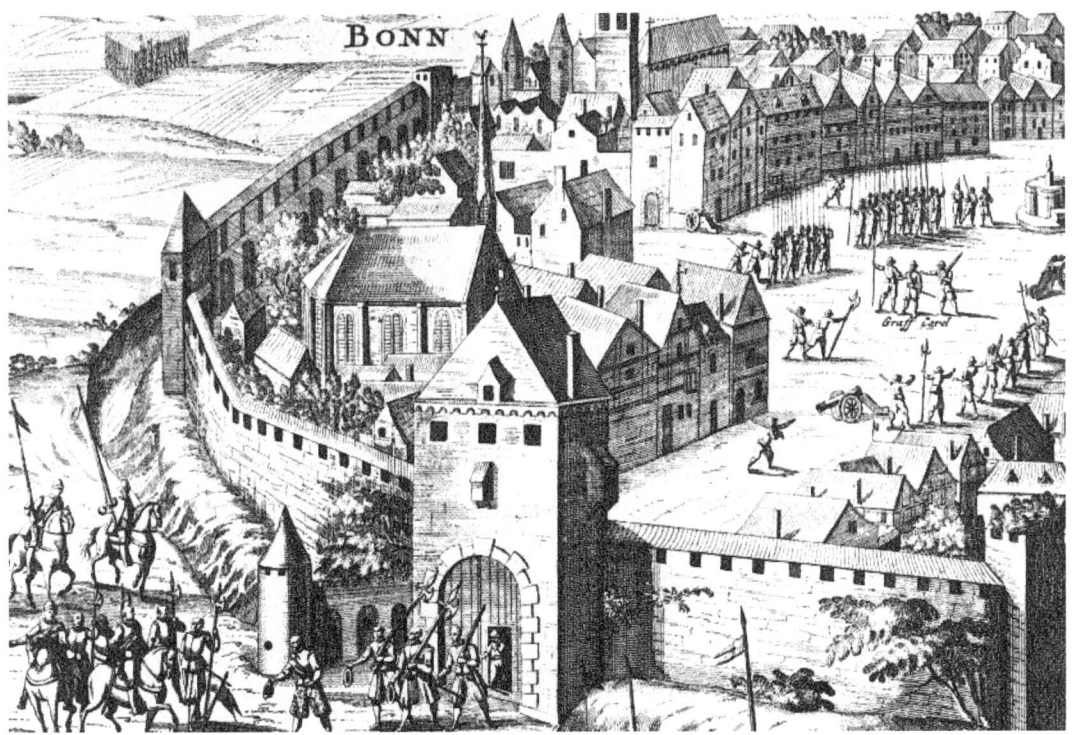

Abb. 5: Kapitulation der Truchsessischen 1584

Hier fehlt die Kanzlei/das Schloss ganz, überhaupt ist die Perspektive aus den Fugen geraten; es ist „kein realistisches Abbild" (Lange 2012). In der Mitte des Marktplatzes wird übrigens gerade „Graff Carel", d. i. Carl von Truchsess, der Bruder des Erzbischofs Gebhard von Truchsess, verhaftet.

1588 P. Pannensmit: »Warhafftige Abconterfeyrung der Churfürstlichen Stat Bonn«, Ausschnittᵛ

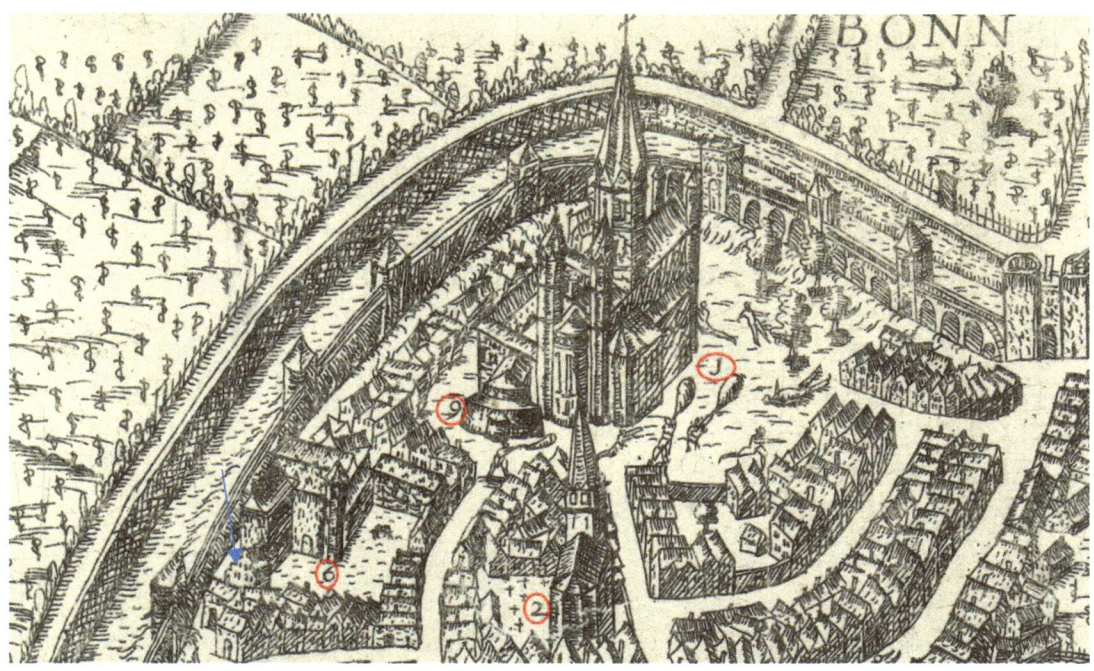

Abb. 6: Stadtplan von Pannensmit 1588

Warhafftige Abconterfeyrung der Churfürstlichen Stat Bonn, mit yhren kirchen, Clostern, Pfortzen, Thürnen, graben, Straessen und Gassen, Welch den 23 Decembris Anno 1587, durch Martyn Schenck eingenomen.

Le vray portraict de la ville Imperialle du Bonn la quelle fuit prinse l'an mil cinq cens quatre vingts et sept, le vingt et troisieme decembre par le Capitaine Schenck.

Reverendo et nobili viro Domino FRANCISCO VOSS insignis et imperialis collegia ecclesiae b[eatae] Mariae virg[inis] Aquisgrani decano et illustrissimi ducis Iuliacensis Cliven[sis] Mont[ensis] etc. consiliario Domino suo observandissimo dedicavit Petrus Pannensmit Novaesiensis 3. Februarii Anno Domini 1588.

»Genaue Abbildung der kurfürstlichen Stadt Bonn mit ihren Kirchen, Klöstern, Stadttoren, Türmen, Gräben, Strassen und Gassen, die am 23.12.1587 durch Martin Schenck erobert wurde.

Dem hochwürdigen und edlen Herrn FRANZ VOSS, Dechant des Kapitels der Kirche der heiligen Jungfrau Maria in Aachen, dem verehrungswürdigen Rat des Herzogs von

1. S. Cassius Kirch
2. S. Remeiß Kirch
3. Minrebruder
4. Engeldall
5. S. Gerdroudt
6. Cantzeley
7. Rhathaus
8. S. Paulus
9. S. Martijn

1. St. Cassius (=Münsterkirche)
2. St. Remigius
3. Minderbrüder / Minoritenkirche
4. Engeltal
5. St. Gertrud
6. Kanzlei (=Schloss)
7. Rathaus

13

Jülich, Kleve und Berg, hat [dieses Bild] gewidmet Pieter Pannensmit aus Neuss, 03.02.1588.«

8. St. Paulus
9. St. Martin

Diese Abbildung ist wohl die erste einigermassen realistische Abbildung Bonns: Nummer 1 ist das Münster, 2 die Remigiuskirche mit Friedhof, 6 die Cantzeley, 9 die Martinskirche. Sie zeigt die mittelalterliche Burg/Kanzlei des Erzbischofs. Die Freiflächen, auch innerhalb der Mauern, sind mit Rebstöcken bepflanzt. – Nebenbei: An der Martinskirche und auf dem Münsterplatz schiessen Personen mit Gewehren, auf dem Boden liegen Tote.

»Das Bauwerk – Cantzeley genannt – liegt auf dem Gebiet zwischen Stadtmauer und der heutigen Strasse Am Hof. Schloß und Schloßhof sind stadtwärts von einer dichten Folge kleiner Häuser umsäumt. Der kräftige Kernbau hat auf der Nordecke zum Hof einen polygonalen Treppenturm. Vom Kernbau aus erstrecken sich nach Nordosten und Nordwesten Nebenflügel, mit dem Kernbau den Hofraum begrenzend. Nordöstlich vom Nordostflügel fällt ein Gebäude mit geschweiftem Giebel auf, das wohl ebenfalls zur Residenz zu zählen ist.«[vi]

1626 »Felis amat pisces, flumen intrare non vult.«[vii]

Abb. 7: Felis amat pisces ..., von Kieser 1626

Felis amat pisces, sed aqvas intrare recusat:
Die Katz frist zwar die Fischlein gern,
Macht sich aber vom Wasser fern;

Sic aliis rapiunt, parta labore, fures.
Also stielt heimlich mancher Laur,
Was andern Leuten worden sawr.

In der Vergrösserung lässt sich in der Häuseransammlung weit links das Haus mit dem Treppengiebel, das schon bei Pannensmit erkennbar ist, erahnen.

1673 Belagerung Bonns[viii]

Abb. 8: Bon, Bruel, Rhijnbach etc. ingenomen Loor zijn Hoogheit, den 13 November Ao 1673

Deutlich erkennbar am linken Rand vor der Münsterkirche das Haus mit dem Treppengiebel, das auch bei Pannensmit sichtbar ist. In der Mitte unverwechselbar das Zollhaus[19].

1635 W. Hollar: »Gezicht op de kanselarij [=Kanzlei] aan den Rijn nabii Bonn«[ix]

Abb. 9: Zollhaus von Hollar 1635

In der Hauptsache sieht man das Zollhaus, an das sich nach links weitere Gebäude anschliessen.

Wenzel Hollar (*1607 in Prag; †1677 in London), auch Wenceslaus oder Václav Hollar, war ein böhmischer Zeichner und Kupferstecher, der den größten Teil seines Lebens in England verbrachte. Sein Werk umfasst rund 400 Zeichnungen und

---

[19] siehe (Flörken, Die erste Belagerung Bonns 1673. Ein Lesebuch 2017).

über 3000 Radierungen. Mehr als 2700 Druckplatten für Stiche sind von ihm bekannt. Seine Arbeiten zeichnen sich vor allem durch absolute Genauigkeit, Detailtreue und einen geradezu dokumentarischen Realismus aus.

1674 A. Storck[20]: Zollhaus Bonn[×]

Abb. 10: Zollhaus in Bonn von Abraham Storck 1664/1674

Vergleichbar mit der Zeichnung Hollars, allerdings aus der Flußmitte gesehen. Im Vordergrund die fliegende Fähre. Der Kirchturm in der Bildmitte gehört zur Minoritenkirche; der viereckige Turm ist die Remigiuskirche mit der umlaufenden Galerie für die Feuerwache (Knopp 2020, 79). Zu den (holländischen) Schiffen siehe (Müller 2020).

---

[20] Abraham Storck (* April 1644 in Amsterdam; † April 1708 ebenda) war ein niederländischer Marinemaler.

1646 M. Merian: Bonn, Ausschnitt[xi]

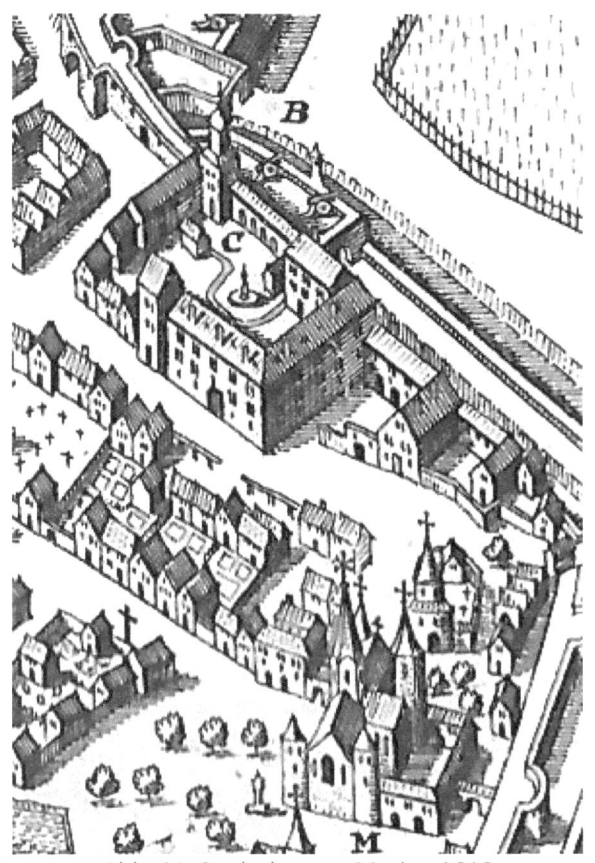

Abb. 11: Stadtplan von Merian 1646

»Das Schloß besteht nach Merian aus drei rechtwinklig angeordneten, dreigeschossigen Flügeln zwischen der Stadtmauer und der Straße Am Hof. Die Flügel öffnen sich nach Nordosten und umgrenzen einen Hof. Der straßenseitige Flügel, an der Nordostseite durch einen turmartigen, aus der Straßenflucht vorspringenden Bau begrenzt, zeigt eine rundbogige Durchfahrt. Vom kürzeren Flügel entlang der Stadtmauer geht in gleicher Flucht ein schmaler eingeschossiger Trakt aus und endet in einem Turm mit Aufsatz; dieser Turm dient zugleich zur Verstärkung der Stadtbefestigung. Kleine Häuser und ein weiterer größerer Trakt am Turm schließen die Umbauung des Hofes. Ihn schmückt ein Brunnen. An der Westseite des Residenzkomplexes grenzt eine zweiflügelige kleinere Anlage an, die mit einem Tor und einem Mauerstück einen anderen Hof umgibt.« (Ennen 1989)

Anders als bei Pannensmit (Abb. 6: Stadtplan von Pannensmit 1588) ist das Schloss auf die Mauer gesetzt, nicht davor.

Matthäus Merian der Ältere (* 22. September 1593 in Basel; † 19. Juni 1650 in Langenschwalbach) war ein schweizerisch-deutscher Kupferstecher und Verleger aus der vornehmen Basler Familie Merian. Er gab zahlreiche Landkarten, Städteansichten und Chroniken heraus. Sein Hauptwerk ist die Topographia Germaniae. *Matthäus Merian wurde als Sohn des Sägmüllers und Ratsherrn Walther Merian geboren. Nach dem Besuch des Gymnasiums erlernte er beim Zürcher Kupferstecher Friedrich Meyer das Zeichnen, Kupferstechen und Radieren. Von 1610 bis 1615 studierte und arbeitete er in Straßburg (bei Friedrich Brentel), Nancy und Paris (bei Jacques Callot). 1615 entstand in Basel sein großer Basler Stadtplan. Nach seinen Reisen über Augsburg, Stuttgart und die Niederlande kam Merian 1616 nach Frankfurt am Main und Oppenheim, wo er für den Verleger und Kupferstecher Johann Theodor de Bry arbeitete; de Bry besaß in Oppenheim eine Kupferstecherei und in Frankfurt ein Verlagshaus, in dem damals große Reisebücher zu den fernöstlichen Ländern vorbereitet wurden. 1617 heiratete Merian Maria Magdalena de Bry, die Tochter seines Arbeitgebers. Er arbeitete in dieser Zeit auch für den Kupferstecher und Verleger Eberhard Kieser. Er zog 1620 in seine Geburtsstadt Basel zurück, wo er das Zunftrecht erwarb und sich selbständig machte. Nach dem Tod seines Schwiegervaters (1623) führte er dessen*

Verlagshaus in Frankfurt fort und erwarb 1626 das Frankfurter Bürgerrecht. 1627 nahm er Wenzel Hollar als Schüler in seine Werkstatt auf. Während Merians Zeit in Frankfurt entstanden seine bekanntesten Werke. So verlegte Merian von 1629 bis 1634 die Historische Chronik über die Welt von Johann Ludwig Gottfried und ab 1633 das Theatrum Europaeum, *welches die Ereignisse des Dreißigjährigen Kriegs darstellt. Ab 1642 erschienen die Bände der Buchreihe* Topographia Germaniae, *deren Fertigstellung Merian selbst nicht mehr erlebte.*

1660 D. Papenbroich SJ über Bonn[xii]

»Am 6. August besichtigten wir den Garten des Fürsten, in dessen Mitte eine hervorragende Brunnenanlage steht. Mit dem Garten ist eine Säulenhalle verbunden, deren Interkolumnien mit Hirschgeweihen bekleidet sind, die anzeigen, daß dieser Platz unter den vorhergehenden Fürsten als Zwinger für Hirsche bestimmt war. Die Säulenhalle, in der, wie man sagt, der Fürst oft frühstückt, ist mit einem Gewölbe aus Muschelwerk, das aus Muscheln verschiedener Art und Steinchen auf das künstlichste hergestellt ist, in drei Interkolumnien geschlossen. Unter der einen steht Herkules mit dem durch Ketten gefesselten dreibeinigen Cerberus, unter der anderen der Rhenus, der sich auf seine Urne stützt, unter der dritten Bacchus auf dem Faß sitzend, mit seinen Satyrn. Am äußersten Ende bildet eine Höhle derselben Bauart den Abschluß; in ihr findet man den Neptun mit seinem Dreizack und seinen Tritonen; ihre Körper sind in menschlicher Größe nur aus Muscheln angefertigt. Zwischen diesen allen fließt das in mannigfache Figuren geleitete Wasser, und geht durch Röhren ab und bietet den Augen veschiedenartige Schauspiele.

Von hier wurden wir von dem Hofmeister, einem Brüsseler mit Namen Baert, durch das Schloß geführt, dessen vorderer Teil ganz neu und ein hervorragendes Werk ist, aber die Stockwerke sind etwas niedriger, als die Würde des Baues zu fordern scheint. Die Decken sind glänzend gearbeitet, im dritten Stock auch kostbar. Schöne Gobelins bzw. Teppiche bedecken die Wände. In den einzelnen Räumen sind Öfen verteilt, die meisten kunstvoll aus Ton in plastischer Arbeit angefertigt und von ungeheurer Größe.

Das Privatgemach des Fürsten ist klein, übertrifft aber alle übrigen Räume an Pracht, nicht nur wegen der Gobelins und der schönen vergoldeten Schreinerarbeit; auch die Wände zeigen die selbe Pracht. Es befinden sich in ihm prachtvolle Schränke und ein Tisch mit einer Platte in eingelegter Arbeit mit Emblemen aus Marmor. Dort wurde uns ein silbernes Gefäß mit einem prächtigen Tuch zum Abreiben der Hände und zwei Pollen für das Meßopfer gezeigt; alle waren von derselben kunstvollen Arbeit und demselben Material, das nach Ausweis einer Inschrift der Fürst selbst durch chemische Kunst aus Quecksilber in Silber umgewandelt hatte.

Wir sahen auch den älteren Teil des Schlosses, unter dem sich ein weitläufiger Pferdestall befindet, der aber jetzt infolge der Abwesenheit des Fürsten fast leer war.«

1669 Ländereien im Erzstifte Köln[xiii]

»Laut des im Jahre 1669 errichteten Descriptionsbuches oder *Catastrums* beliefen sich damals in dem ganzen Erzstifte die Ländereyen

	Morgen	Anteil in %
der Kuhrfürstlichen Tafelgüter zu	5.030,75	1,4
eines hochw[würdigen] Domkapitels zu	7.570,75	2
des Cleri *in- et extranei* zu	90.758,00	26
Graf- und adelicher Höfen Länderey	59.875,75	17
Graf- und adelicher Sitzen Länderey, von welcher *per Totum* ohne die 4ta in den Höfen frey waren 21.664,75	32.516,00	9
Städt- und bürgerliche Ländereien	21.122,00	6
Hausmanns- und Bauern-Ländereyen	131.119,00	38
	347.992,25«	100%

1690 C. Boethius über Bonn [xiv]

»Es ist aber diese Stadt, ob sie schon klein, die Residentz des Churfürsten von Cölln, in einer schönen umliegenden Gegend so Wein- und getreidreich, und allwo sich das große Wein-Gebürg, so von Bingen biß an diese Stadt, den Rhein zu beyden Seiten einschrencket, sich allhier in eine angenehme Ebne endigt, erbauet: die Häuser waren vor der letzten Einäscherung [1689[21]] noch ziemlich schön, und hatte die Stadt einen schönen Marckt und herrlichen Bronnen.

Das sehenswertheste aber war das Churfürstl[iche] Schloß, und der unten dabey befindliche Hof so mit Mauren eingefasst, und mit viel Pommerantzen-Bäumen angefüllet, in dessen Mitte ein Bronnen von 4 Metallinen Löwen, von denen jedweder einen Strahl Wasser in das darunter stehende wohlausgearbeitete Becken oder Schale geusst, so auf einen Pfeiler gestützet, der sich in der Mitte der Schale in die Höhe begibt, und entstehet aus der Mitte der Schale ein schönes Springwasser, welches wieder in die Schale sich stürtzet, und durch vier Röhren seinen Ausfluß suchet.

Auf Seiten des Gartens war eine Gallerie, in deren Ecke eine so schöne Grotte als einem Ort zu sehen, so mit verschiedenen Figuren von zusammen gesetztem Muschelwerk ausgezieret, und waren in der Mitte künstlich schöne Wasserfälle, welche die diese Schönheit allzugenau betrachtende Fremdlinge ziemlich einwässerten und benetzten. In den ersten Geschoß war auch ein Zimmer, so mit verschiedenen Gemählden von denen künstlichsten Meistern ausgezieret, und nicht fern davon des letztverstorbenen Kurfürsten [Max Heinrich] unvergleichliche Kunst-Kammer, so der unrechtmässige Besitzer der Cardinal [Wilhelm Egon] von Fürstenberg meistens ausgeleeret, und die köstlichsten Schau-Müntzen bei seiner Flucht [im April 1689] mit sich in Franckreich geschleppt[22], und ist absonderlich der Medailles-Kasten, durch eine wunderliche Gelegenheit sehr bereichert worden, indem man bey der ehemaligen Belagerung eine Batterie zu pflantzen Anstalt gemachet, in einem Graben aber ein Gewölb

---

[21] siehe (Flörken, Die Belagerung und Zerstörung Bonns 1689. Ein Lesebuch. 2015).

[22] So (NN, Gruendlich und ausfuehrliches Diarium oder wahrer Bericht ... [1688 Bonn] 1689, 737).

angetroffen, darinnen eine eiserne mit güldenen Medaillen angefüllte Truhe gestanden, in deren sich auf die hundert tausend Reichs-Thaler werth befunden, von denen letzten Griechischen Kaysern gewesen.

Der Churfürstliche Marstall ist von dem Churfürstlichen Schloß abgesondert, in welchen man füglich sechtzig Pferde stellen kan, der dann vor andern Marstallern in Teutschland absonderlich berühmt.«

1689 L. van den Bos: »De verovering van Bon«, Ausschnitt[xv]

Abb. 12: Die Belagerung Bonns von Lambert van den Bos 1689

Von einem Schloss ist nicht viel zu sehen – deutlich erkennbar ist das markante Zollhaus mit Anbauten – siehe Hollar, Abb. 9. Insgesamt ist die Perspektive stark verzerrt.

1689 A. Wissing: Bonn wird belagert und zerstört[xvi]

»Dum approperarent Germani confoederati ad civitatem Bonnensem redimendum, erat quidem primitus rumor et timor, quod Galli incolae essent civitatem incensuri et relicturi; attamen quia hic rumor a vulgo exortus, licet non careret omni fundamento, nullo tamen nitebatur sufficienti, hinc tenebat uniuscuiusque animum suspensum, ideoque generalis comes d'Asfelt, qui incolebat aulam et cameras serenissimi post abscessum eminentissimi domini cardinalis de Fürstenberg, qui alioquin incolebat aulam utpote postulatus archiepiscopus Coloniensis a potiore et saniore {ut ipse cum suis adhaerentibus asserebat} parte, curavit ad se advocari magistratum civitatis, inquirens, quo auctore hic rumor sparsus esset per civitatem ad aures omnium.«

Die deutschen Truppen nähern sich Bonn, um die Stadt zu erobern. Der französische General Graf d'Asfeld wohnt im Schloss in den Räumen, die vorher der Kardinal Wilhelm Egon von Fürstenberg bewohnt hat, [bevor nach Frankreich floh.]

1689 Belagerung und Beschiessung von Bonn, Ausschnitt[xvii]

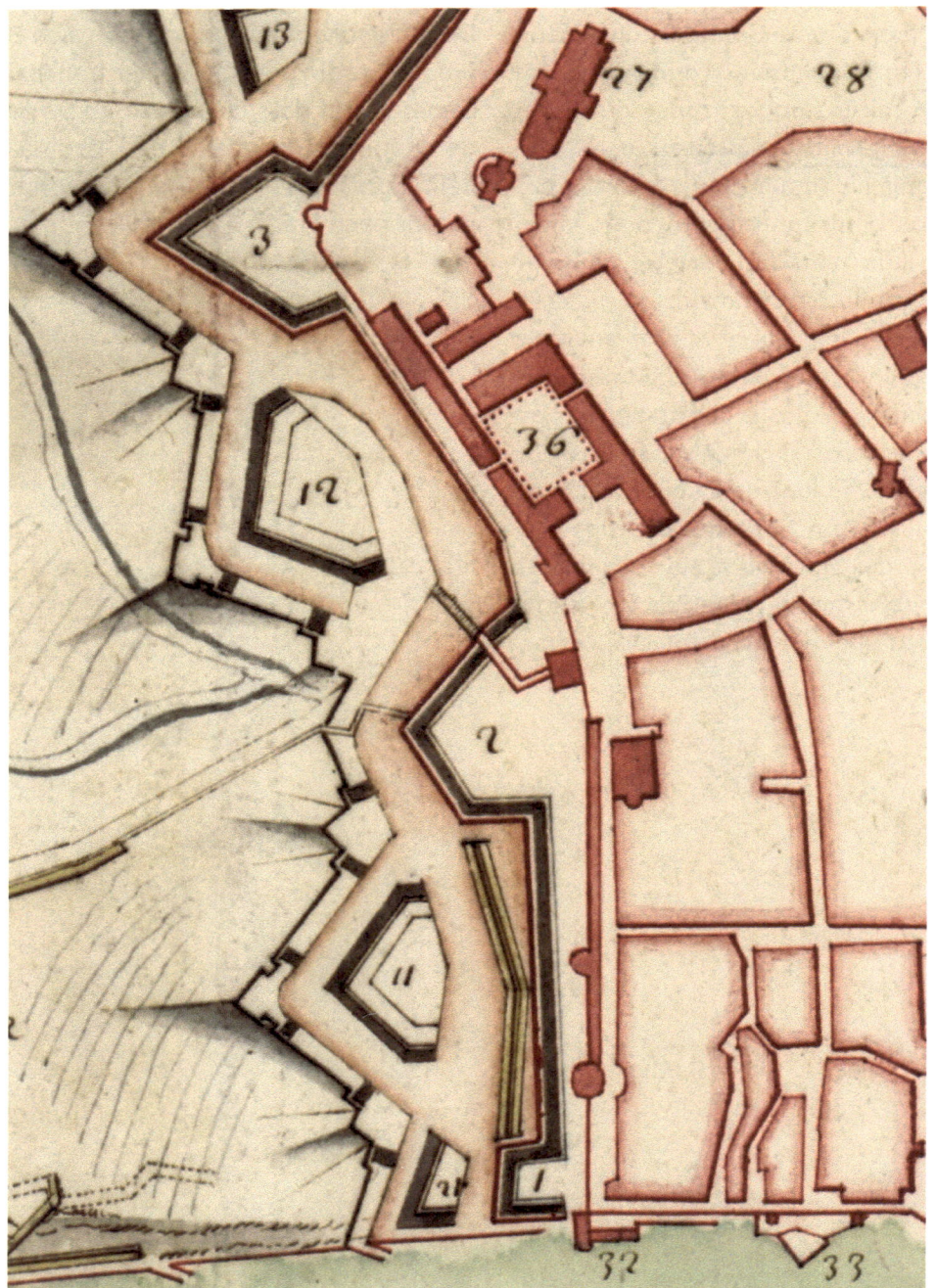

Abb. 13: Bonn während der Belagerung 1689, Kartenausschnitt

Nunmehr ist – neben den starken Festungsanlagen – die vierseitige barocke Anlage des Schlosses deutlich erkennbar; der Bau ist noch nicht bis zum Rhein durchgezogen.

Nummer 27: Münsterkirche und St. Martin; 36: Schloß; 1: Bastion-3-Könige; 2: Bastion Ernst mit Stockentor; 3: Bastion Ferdinand; 11: Halbmond ›Demi Lune‹ Albert; 12: Halbmond Cajetan; 13: Halbmond Mauritius; 28: Münsterplatz; 32: Zollhaus; 33: Rheintor.

1713 A. Riva[23]: Plan von Bonn, Ausschnitt[xviii]

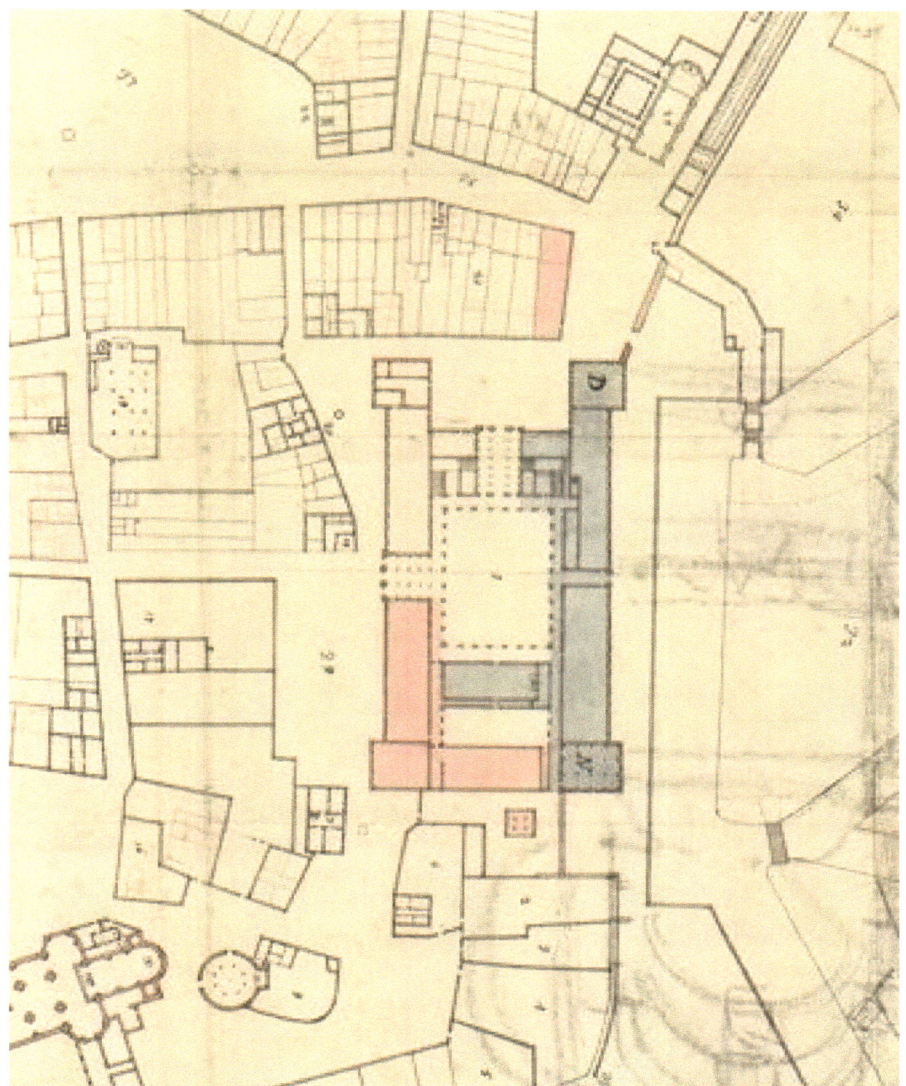

Abb. 15: Stadtplan von Riva 1713

„Die rot unterlegten Bereiche zeigten das alte Gebäude, wie es erhalten geblieben sei, grau markiert seien die neuen Bautrakte, die bereits unter Dach stünden, die weißen Bereiche seien dagegen noch nicht realisiert. Die Farbeintragungen der Zeichnung sind allerdings fehlerhaft, denn der nordwestliche Turm {rot} existierte nicht, und die 1700 geweihte Schloßkapelle {grau} lag anstelle älterer, in den Kellern noch heute faßbarer Bausubstanz, sie müßte also rot unterlegt sein." (Heisterberg 2007, 20).

Die Vierflügelanlage zitiert den „Typus des italienischen Stadtpalastes", der Ehrenhof den *Cour d'honneur* des französischen Absolutismus. (Heisterberg 2007, 20)

---

[23] Antonio Riva (1650 - 1715), wie Zuccali Graubündner, war seit 1680 Zucallis Bauleitung in Bonn; seine Nachfolger waren de Fortier und Hauberat.

1761 Plan des Schlosses^{xix}

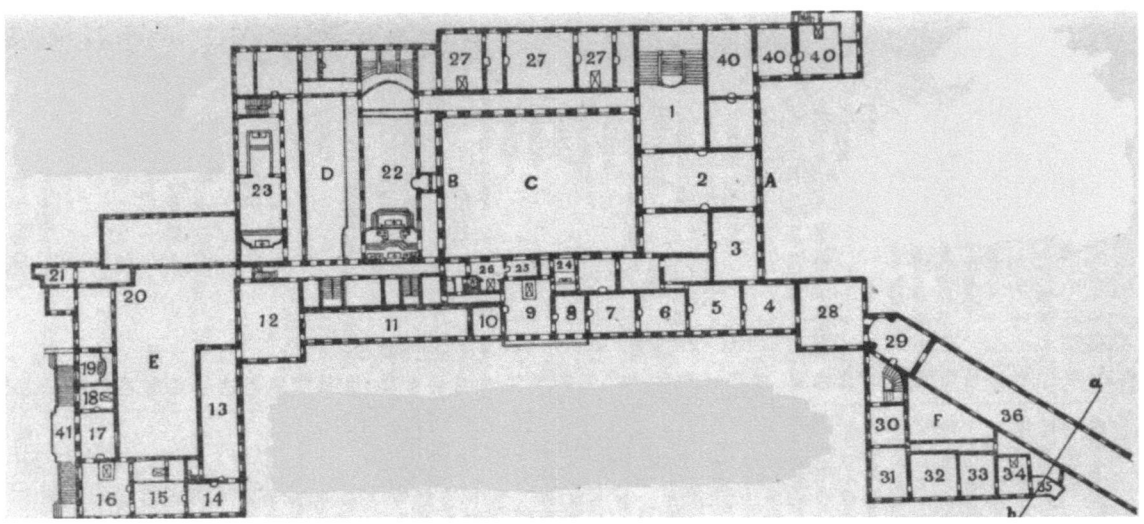

Abb. 16: Plan des Schlosses, nach Hauptmann (1902)

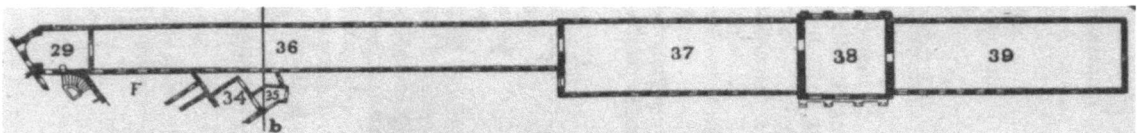

A. Haupteingang [im Ehrenhof/Cour d'Honneur]
B. Eingang zur Schloßkapelle {beide im Parterre}
C. Hallenhof
D. Hof zwischen den Kapellen
E. Garten des *Buen retiro*
F. Hof des neuen Quartiers

1. Treppenhaus
2. Gardensaal
3. Papstzimmer[24] [3][25]
4. Kurfürstensaal [6]
5. [Antichambre] Bibliothek [7]
6. Gobelinzimmer [8]
7. [Chambre d'Audience] Telemaquezimmer
8. [Chambre du Conseil] Bayerisches Zimmer [10]
9. Paradeschlafzimmer [11]
10. Rothes Kabinet
11. Alte Gallerie [13]
12. Großer Thurmsaal [14]
13. Deutschmeistergallerie
14. Antichambre

16. Großes Schlafzimmer
17. Grünes Kabinett
18. Kleines Schlafzimmer
19. Badezimmer
20. Kleiner Retiro
21. St. Florianskapelle
22. Schloßkapelle St. Joseph/Christi Geburt/Loreto
23. Kapelle St. Kajetan, Hl. Grab
24. St. Peter- und Pauls Kapelle
25. Kabinett Joseph Clemens'
26. Schlafzimmer Joseph Clemens'
27. Alte Apartements [›Gelbes App.‹, Ferdinandeisches App.]
28. Speisessal
29. Buffetsaal
30. Erste Antichambre
31. Zweite Antichambre
32. Audienzsaal
33. Schlafzimmer
34. Kabinet
35. Hinteres Kabinet
36. Große Gallerie
37. Akademiesaal

---

[24] An dieser Stelle wurde nach dem Brand von 1777 die neue Schlosskapelle gebaut.
[25] In eckigen Klammern die Nummern in (Reinking 2008, 89 f); siehe auch den Plan in (Satzinger 2007). Text siehe Seite 59 f.

15. Audienzsaal

38. St. Michaelssaal, später Naturalienkabinet
39. Bibliothek
40. Gastzimmer
41. Große Freitreppe zum Garten

1901 F. Hauptmann: »Das Innere des Schlosses« um 1760, Auszug[xx]

Der Entrée.

Der **Haupteingang** [A][26] des Schlosses befand sich an der Seite nach der Franciskaner-straße[27]. Diese Front bot damals einen ganz andern Anblick, wie heute. Noch steht allerdings das dreifache Thor, durch welches man den Hof betrat; aber während heute nur links neben der Schloßkapelle ein Thurm gewaltig in die Lüfte ragt, erhob sich damals ihm gegenüber auf der rechten Seite ein zweiter, von dem heute [1902] nur das Erdgeschoß als kümmerlicher Stumpf dasteht. Den Raum zwischen beiden füllte ein Bau von elf Fensteraxen aus, in gleicher Höhe, wie die Front nach dem Hofgarten, der, wenn er auch statt des Uhrthurms, den Zuccali in seiner Mitte über dem Thor hatte errichten wollen[28], nur einen flachen Giebel erhalten hatte, doch unstreitig die schönste Facade des Schlosses bildete. <20>

Hier befand sich im untern Geschosse des Thurms rechts die Schloßwache. Eine halbe Compagnie Grenadiere hatte dort ihre Wachtstube. Auf dem Platze vor dem Thore schritt der Posten, den sie ausgestellt hatte, auf und ab. Mit seinem blauen Rock mit rothen Aufschlägen, seinen Kniehosen und langen Gamaschen, dem kreuzweise über die Brust gehängten weißen Bandelier, an dem Säbel und Patronentasche befestigt war, und dem dreieckigen Hute auf dem Kopfe, hatte er große Aehnlichkeit mit den damaligen preußischen Truppen. Diese Wache hatte wie das

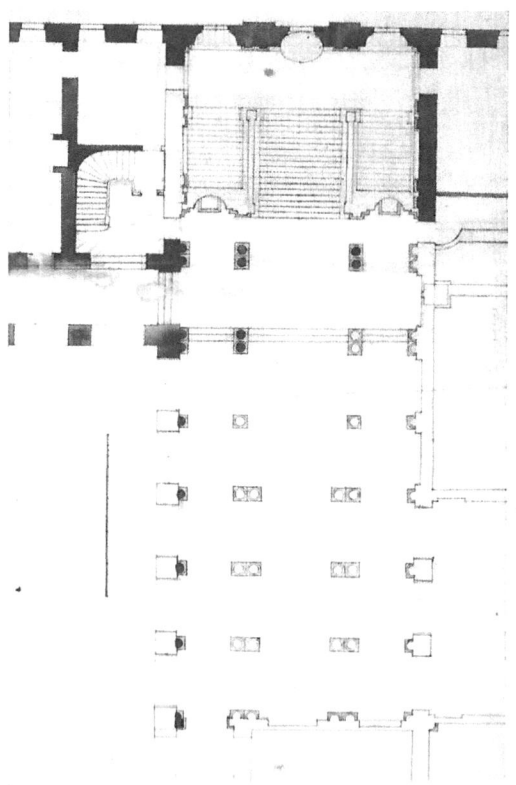

Abb. 17: Vestibül und Treppenhaus, de Cotte um 1715; rechts der Ehrenhof, siehe Abb. 21

---

[26] Die rot markieten Buchstaben/Zahlen beziehen sich auf Hauptmanns Plan, siehe oben; seine Fußnoten sind in » « gesetzt.

[27] »Der dicht am Eingang gelegene Theil der Straße, also die Fortsetzung der Acherstraße vom Römerplatz her, hieß früher die Straßburger Gasse. Heute bildet sie einen Theil der Straße Am Hof, die vom Martinsplatz um zwei Ecken herum bis zur Stockenstraße sich erstreckt. Es wäre praktisch, ihr letztes Stück bis zur Schloßkapelle zur Franciskanerstraße zu ziehen und dem folgenden Stück bis zur Bischofsgasse seinen alten Namen Straßburger Gasse wieder zu geben.«

[28] »Renard a. a. O. 99 S. 186. « [= (Renard, Die Bauten der Kurfürsten Joseph Clemens und Clemens August von Köln, I 1896, 164 ff)].

Hauptthor, so überhaupt alle äußeren Zugänge des Schlosses sowohl vom Hofgarten als von der Stadt her zu besetzen.

Trat man ins Thor hinein, so befand man sich in einer großen Halle, ähnlich derjenigen, welche heute den Eingang an der Fürstenstraße bildet. Ganz wie im Brühler Schloß gelangte man dann nach rechts ins Treppenhaus, wo in dem großen Raume am Fuße der breiten Marmortreppe ein Posten der Trabanten stand, die die verschiedenen Aufgänge ins Schloß zu bewachen hatten. Ihre Uniformen, Rock, Weste und Kniehosen, waren hellblau, die Aufschläge schwarz mit zollbreiten Silberborten besetzt. Dazu trugen sie rothe Sergetstrümpfe und an Werktagen einen dreieckigen Hut; Sonntags dagegen einen runden Hut mit drei hohen blauen, weißen und schwarzen Federn, sowie einen schwarzen Mantel mit umgeschlagenem Kragen, der vorn herunter, unten am Saume und auf den Näthen mit vier Finger breiten Borten besetzt war, in denen die bayerischen Wecken, blau und weiß eingewebt waren. An einem breiten Bandelier hing ein Degen in Messingscheide; in der Hand hielten sie eine mächtige Hellebarde mit blau-weiß-schwarzer Quaste[29].

Schritt man die Treppe hinan, zu der Joseph Clemens das Material von seinem Bruder, dem Kurfürsten Max Emanuel von Bayern aus den Marmorbrüchen von Hohenschwangau geschenkt erhalten hatte, so gelangte man auf einen Podest, von dem zwei Treppenläufe sich rückwärts wendend an beiden Seiten des unteren Treppenlaufs emporsteigend zur ersten Etage führten – eine oft vorkommende Anlage, die sich auch im <21> Brühler Schloß wiederfindet. Sein Licht erhielt das Treppenhaus von zwei Fenstern links beim Eingang, die auf den Hallenhof sahen und von drei weiteren geradeaus nach der Straße Am Hof. Die Wände waren reich mit marmorartig bemaltem Stuck geziert, und seine Decke von Carlo Carlone, einem wegen seines lebendigen, mächtigen Colorits s. Z. sehr geschätzten Malers *al fresco* ausgemalt. Allem Anscheine nach reichte das Treppenhaus durch alle drei Etagen des Schlosses durch.[30]

Oben angelangt, kam man in den großen **Gardensaal** {salle des gardes}[2], welcher den ganzen Raum über der Eingangshalle einnahm, und dessen mächtige rundbogige Fenster von beiden Seiten, von der Franciskanerstraße und von dem Hallenhofe her reiches Licht hereinfluthen ließen. Die Decke war von Schöpf, einem damals hochangesehenen Meister, mit Frescomalereien geschmückt. Mögen Schöpf's Werke auch heute unser Empfinden durch ihr übertriebenes Pathos abstoßen, so erzielten sie doch unstreitig durch ihre mächtige, contrastreiche Farbengebung die decorative, den Raum auflösende Wirkung, die man von einem Deckengemälde damals in erster Linie verlangte[31]. Die Wände des Raumes sahen dagegen etwas kahl aus, da sie noch des Schmuckes der *Stuccos* entbehrten, den sie erst nach Clemens Augusts Tode, 1765/66 durch den Stukkateur Giuseppe Brillie erhielten. Eine nicht gerade reiche Beleuchtung spendete Abends eine große, von der Decke hängende Laterne[32].

Seinen Namen hatte der Saal von der Schloßgarde der Hatschiere, die ihre Posten im Innern des Palastes, vor Allem vor den kurfürstlichen Zimmern zu stellen hatte und – es war eine Kavallerietruppe – den *Gardes du corps* am preußischen Hof <22> entsprach.

[…]

---

[29] »Eine Combination der bayerischen {blau weiß} und kurkölnischen {weiß schwarz} Farben. «

[30] »„Die vorige Treppe war von schönem Marmor, hatte ein gut gemaltes Platfond und machte überhaupt ein herrliches Ansehen", erzählt 1784 ein Reisender, offenbar nach Berichten von Augenzeugen. {Mahlerische Reise am Niederrhein, Köln und Nürnberg, 1784, S. 28) [= (Schoenebeck 2018)]. {Vergl. auch Annalen des histor. Vereins für d. Niederrhein 43 S. 109}« [= (Pick 1885)].

[31] »Renard a. a. O. 100 S. 33. Schöpf hat auch die Kirche auf dem Kreuzberg ausgemalt. {Renard S. 25}. «

[32] »Sie erinnert an die große Laterne im Treppenhaus von Schloß Brühl. «

26

Schreiten wir nunmehr zur Besichtigung der Räume des Schlosses. Die Thüre im Gardensaale, die dem Eingang von der Treppe her gegenüberliegt, also am rechten Ende der Wand, am Fenster auf den Hallenhof, ist verschlossen. Wir begeben uns deßhalb zum andern Ende, am Fenster nach der Straßburger Gasse, und treten an dem salutirenden Hatschier vorbei in den zweiten Vorsaal, das **Papstzimmer**[3]. Heute liegt an seiner Stelle die Schloßkapelle. Aus seinen vier Fenstern sieht man vorne auf den Vorhof, auf dem der Grenadierposten auf- und abspazirt, und weiter schräg die Franziskanerstraße hinauf die langgestreckte Gallerie des Schlosses entlang […]. Seinen Namen hatte der Saal von den Porträts sieben hervorragender Päpste, die die Wände zierten. Eines hiervon war in der Mitte der den Fenstern gegenüberliegenden langen Wand über dem Kamin angebracht. Vier andere waren rechts und links davon in die monumentalen Stuckverzierungen der Wände eingelassen. Die kurzen Wände, die, in der die Eingangsthüre sich befand, und geradeaus die andere ihr gegenüber, zeigten in der Mitte jede wieder ein Papstporträt, während an den Seiten Thüren angebracht waren, d. h. an den Fenstern ächte Thüren, <26> an den innern Enden blinde. Ueber allen vieren waren in den *Stuccos* Surporten. Ein Marmortisch mit vergoldetem Fuß stand unter dem Porträt in der Mitte der Wand dem Eingang gegenüber; eine große spanische Wand von rothem Plüsch sollte dem eindringenden kalten Luftzuge wehren. Drei[33] Kronleuchter von Kristall hingen von der gemalten Decke herab; außerdem waren Armleuchter aus Bronce zu Seiten der beiden Porträts auf den kurzen Wänden angebracht.

Die große Enfilade[34]

Wir schreiten weiter über den glatten Parkettboden geradeaus durch den Saal an den vier Fenstern vorbei der Thüre zu, die der Eingangsthüre gegenüber liegt und betreten den ersten Vorsaal, das **Kurfürstenzimmer**[4], das schon zu der großen *Enfilade* gehört, jener langen Reihe von zwölf Prachtgemächern, welche die ganze Länge der großen Front nach dem Hofgarten einnahm; zehn davon entfielen auf das Mittelgebäude; zu ihnen kamen dann noch die großen Säle in den Eckthürmen hinzu. Das Kurfürstenzimmer war somit das zweite in der langen Reihe, denn seine drei Fenster lagen am Ende des langgestreckten Mittelgebäudes dicht neben dem Ostthurme, der heute die Aula enthält. Hier fiel beim Eintritt sofort der Blick geradeaus durch die der Thür gegenüberliegenden hohen Fenster hinaus auf das Grün des Hofgartens, hinter dem in weiter Ferne die blauen Kuppen des Siebengebirges sich erhoben. Links neben der Thüre ließen dann noch zwei Fenster rückwärts auf den Platz vor dem Schloßeingang sehen. In der Mitte der Wand rechts erblickte man über dem Kamin zwischen zwei Armleuchtern das große <27> Porträt Clemens Augusts. Daneben hingen an der Wand die seiner beiden Vorgänger Joseph Clemens und Max Heinrich, während die seiner weiteren Vorgänger, der Kurfürsten Ferdinand und Ernst die gegenüberliegende Wand schmückten[35]. So waren in diesem Raume die fünf Kurfürsten aus dem Hause Bayern dargestellt, die zusammen fast zweihundert Jahre lang den Kölner Stuhl innegehabt. Vier große Spiegel, von denen indessen jeder aus drei Stücken bestand, da man noch nicht die Kunst verstand, große Spiegelplatten

---

[33] »Das Inventar von Vogel nennt nur zwei Kronleuchter, das andere dagegen drei; Letzteres scheint mir der Größe des Raumes mehr zu entsprechen. «

[34] Sovielwie „Zimmerflucht" oder „Suite", typisch für die frühe Neuzeit/den Barock: Es gibt keinen Flur, von dem aus man die Räume betritt; man müßte, um in den letzten Raum zu gelangen, alle Räume nacheinander betreten und verlassen. Beispiel: Schloss in Mannheim: https://www.baunetzwissen.de/fenster-und-tueren/fachwissen/tuerarten/enfilade-und-suite-7333613, oder Rastatt.

[35] »Diese Vertheilung der Bilder ist nur eine, allerdings nahe liegende Hypothese. «

anzufertigen, waren zwischen den Fenstern sowohl nach dem Hofgarten als nach dem Vorplatz des Schlosses angebracht[36]. Darunter standen Marmortische mit schön geschnitzten Füßen.

Am Ende der Wände rechts und links waren Thüren; die linke führte in den **Speisesaal** [28], der im Ostthurm lag [...], die rechte in das erste Vorzimmer; ihnen entsprachen am anderen Ende der Wand blinde Thüren, über denen ebenso wie über den wirklichen drei Thüren flott gemalte Surporten hingen. Acht *Plaques* von Bronce waren auf die Wände vertheilt. Von der Mitte der Decke hing ein prächtiger Krystallkronenleuchter herab. Diese beiden Vorsäle, das Papstzimmer und das Kurfürstenzimmer, dienten bei den Hoffesten den bürgerlichen Hoffähigen als Aufenthaltsort[37].

Einen Besuch im Speisezimmer, zu dem, wie gesagt, die Thüre links führt, verschieben wir auf später; aber wir wollen nicht unterlassen, jetzt schon von seiner Thüre aus einen Blick durch die schier endlose Zimmerreihe zu werfen, durch die man von hier hindurchblicken kann. Den Gesetzen des damaligen Palastbaues entsprechend waren bei allen Zimmern der großen *Enfilade* die Thüren in einer Fluchtlinie in der Wand dicht an den Fenstern angebracht, so daß der Blick, wenn man unter der Thüre des Speisesaales, also im Ostthurm [...] stand, durch die ganze Reihe der Zimmer an den Fenstern der langgedehnten Schloßfront vorbei durchdrang bis hinten am Ende in den Saal des Südthurms, wo er in weiter Ferne gegen einen Spiegel fiel, der die ungeheuere Zimmerflucht bis ins Unendliche verlängerte[38]. <28>

Beginnen wir nun durch diese Reihe von Prachtsälen hindurchzuwandern, wobei, da, wie gesagt, die Thüre immer dicht am Fenster liegt, die Tiefe des Zimmers stets nach rechts sich erstreckt. Die Kamine befinden sich immer in der Wand links, wenn man den Fenstern den Rücken dreht.

Zunächst betreten wir das erste **Vorzimmer** [5], meist die Bibliothek genannt. {Es ist hier zwischen den beiden Vorsälen, *antisalles*, und den beiden Vorzimmern, *antichambres*, zu unterscheiden. Erstere waren die beiden äußeren, die wir eben passirt haben, letztere die beiden inneren, also der dritte und vierte Raum.} In diesem geräumigen, ziemlich tiefen Saale fing die Ausstattung schon an prächtiger zu werden. In schön geschnitzten Schränken stand die Handbibliothek* [39] des Kurfürsten prächtig in Leder gebunden und mit reicher Rücken- und Deckenvergoldung[40]. Die Garnitur des zierlich und leicht geschweiften Marmorkamins, in dem bei kalter Witterung mächtiges Buchenscheitholz flammte, Feuerböcke, Schaufel und zwei Zangen, war mit vergoldeten Bronceverzierungen montirt. Dem allzu grellen Feuerschein wehrte ein Feuerschirm von gelbem Pequin. Ein großer, weißlackirter Schirm † und ein kleinerer von grünem Damast schützten vor Zugluft. Ueber dem Kamin erhob sich ein großer Spiegel †; zwei andere hingen zwischen den drei Fenstern über zwei blau lackirten, elegant geschweiften Kommoden mit vergoldeten Broncemontirungen und kostbaren schwarzen

---

[36] »Kurfürst Max Friedrich ließ später einen dieser Spiegel wegnehmen und sein von Fischer gemaltes Porträt an die Stelle setzen. «

[37] »In ihnen haben wir jedenfalls „die beiden Vorzimmer" zu sehen, von denen die Hofordnung Joseph Clemens von 1715 spricht. «

[38] »Eine solche Anordnung war damals sehr beliebt; sie findet sich u.a. auch hier im Clemenshofe {Böselagerhof}. Das Inventar gibt hier keinen genauen Aufschluß. [...] Die Länge der Schloßfront zwischen den beiden äußeren Thurmwänden beträgt an 140 Meter. «

[39] Im Text bedeuten das Zeichen † : ist beim Brand 1777 vernichtet worden, das Zeichen * : ist verkauft worden.

[40] »Ein großer Theil der Bücher verbrannte 1777. {Annalen des histor. Ver. f. d. Niederrhein 43 S. 110}. «

Marmor-<29> Platten[41]. Ein großer und ein kleiner Schreibtisch[42] stand für Arbeitende bereit. Ein bequemer Armsessel von geschorenem Sammt mit seidenem Ueberzug und ein kleinerer von grünem Damast standen davor. Aber ein großes Billard †, welches mitten in dem Raume stand, zeigte, daß er nicht nur der Arbeit geweiht war. Auch ein eingelegtes, mit Kupfer garnirtes Spielbrett diente der Unterhaltung. Vier kleine, fein geschnitzte Figürchen aus Elfenbein, ein großer Uhrkasten von florentiner Arbeit und vier weißlackirte Leuchtertische vervollständigten den Schmuck der Bibliothek[43].

Wir schreiten weiter zum zweiten Vorzimmer, dem **Gobelinzimmer** [6]. Ebenfalls dreifenstrig aber weniger tief wie die Bibliothek, bildete es mit ihr den Versammlungsort für die adeligen Hoffähigen[44]. Seinen Namen hatte es von den zwölf prächtigen Gobelins, die seine Wände schmückten. Zwischen den <30> Fenstern hingen wieder zwei Spiegel. Darunter standen zwei eingelegte Kommoden mit saucirten Broncebeschlägen und Marmorplatten, in denen sich, wie das Inventar uns verräth, die herrschaftlichen Bettlaken[45] befanden. Gobelins hingen auch als Portieren an den blinden Thüren. Die Surporten darüber stellten die vier Jahreszeiten vor und waren von dem berühmten Chevalier Roitier. Der Kronleuchter war hier von vergoldeter Bronce; desgleichen die beiden Armleuchter am Kamin. Das Sopha und die sechs Sessel waren der Wandbekleidung entsprechend mit Gobelins bezogen, die auf grünem Sammt aufgenäht waren. Ein türkischer Teppich deckte den Boden[46].

Wir betreten nun die eigentlichen Gemächer des Kurfürsten, und zwar zunächst das Audienz- oder **Telemaquezimmer**[47] [7]. Hier stand in der Mitte der Wand rechts unter einem reichen Baldachin der Thron, auf dem der Kurfürst Gesandte und hohe Würdenträger empfing[48]. Die kräftigen Formen des Kamins in der Wand links vom Thron unter dem großen, allerdings auch aus drei Stücken bestehenden Spiegel[49] präsentirten sich in isabellenfarbigem Marmor und zeigten in der Mitte und an den Seiten sorgfältig ciselirte silberne Beschläge[50]. Ebenso war die Garnitur des Kamins, <31> Feuerböcke, Schaufel, eine kleine Feuerzange und der Blasebalg mit Silberbeschlägen geziert. Den Hauptschmuck des Gemaches bildeten sechs

---

[41] »Aus *porês d'or marmor* sagt das Inventar. Sie kamen später auf die *Anticamera* des *Buen retiro*, dann ins Telemaque Zimmer, „nunc in der Alten Gallerie – anjetzo in der Oberen *Enfilade*".«

[42] »Auf ihn bezieht sich wohl der Vermerk den Inventars: „die schubladen von dem blau lackirten schreibkasten befinden sich bey denen geretteten bücheren." Da somit Schreibtisch und Kommoden blau lackirt waren, darf man annehmen, daß sowohl die Sessel als auch die Bücherschränke und die Täfelei des Zimmers blau lackirt waren. «

[43] »Bis 1767 kamen noch in die Bibliothek: Zwei Tafeln Moses aus Marmor, die in der alten Gallerie gestanden hatten, sechs lackirte Figuren auf Vasen von Terracotta, die später ins Naturalienzimmer kamen, dann ein Krokodil aus Muschelarbeit – wohl ein Werk von Peter Laporterie, dem Meister des viel bewunderten Muschelsaales im Poppelsdorfer Schlosse. Es wurde später verschenkt. «

[44] »Die „Vorzimmer", wie Robert de Cotte sie auf dem Schloßplan nannte, entsprechen demnach den beiden „Ritterstuben" der eben erwähnten Hofordnung. « [Zur Hofordnung siehe oben Seite 69 ff.]

[45] » „die leilacken vor fremde große Herrschaften" heißt es in dem Inventar Vogels. «

[46] »Da dies ganze Mobiliar im Schloßbrand zu Grunde ging, so wurde später ein Kronleuchter von böhmischem Krystall, ein Sopha und zwei Sessel von Savonnerie und vier Surporten aus Schloß Poppelsdorf hierhin gebracht. Außerdem wurde noch eine schwarz lackirte Kommode mit Broncegarnirung hier aufgestellt. «

[47] Telemachos, auch Telemach, ist im griechischen Mythos der Sohn des Odysseus und der Penelope. Seine Geschicke behandelt der berühmte Entwicklungsroman von Fénelon: Les aventures de Télémaque, 1695. François de Salignac de La Mothe-Fénelon (*1651 †1715) war ein französischer Erzbischof und Schriftsteller, der grossen Einfluss auf Joseph Clemens hatte.

[48] »Da das Inventar weder den Thronsessel, noch den Thronbaldachin erwähnt, so scheint es, daß diese 1761 hier nicht mehr vorhanden waren. Ich möchte annehmen, daß der Baldachin im Neuen Quartier derjenige ist, der ursprünglich hier angebracht war. «

[49] »Der Spiegel ging im Schloßbrande zu Grunde und wurde 1780 durch einen aus Schloß Poppelsdorf ersetzt. «

[50] » „An diesem Camin seynd im Jahr 1773 auf dem höchsten geburtstag sr. churf. gnaden d. 13. May einige kleine ornamenten von silber gestohlen worden." bemerkt dazu das Inventar. «

große Gobelins[51] in reizend ausgeführten Rahmen, mit denen die Wände bespannt waren. Da die Geschichte Telemachs darauf dargestellt war, so wurde das Gemach meist das Telemaque-Zimmer genannt.

Neben dem Throne stand auf jeder Seite ein Sopha, welche, ebenso wie zwölf Sessel und sechs Tabourets mit Gobelins überzogen waren, auf welchen man leichte Blumengewinde eingewebt sah, während auf acht andern, mit dem gleichen kostbaren Stoffe ausgestatteten Sesseln Scenen aus den Fabeln Aesops dargestellt waren. Der Kronleuchter war aus ächtem Bergkrystall[52]; die beiden Armleuchter am Kamin † aus Bronce. Von zwei Girandolen, die auf weißen Ständern sich erhoben und wohl zwischen den Fenstern ihren Platz gefunden hatten, wird der Stoff, aus dem sie angefertigt waren, nicht angegeben. Den Boden deckte ein türkischer Teppich in satten Farben[53]. Im Weiterschreiten werfen wir noch einen Blick auf die Surporten †, welche der Hofmaler Metz[54] mit seinen graciösen Blumenarrangements geschmückt hatte; dann betreten wir das folgende kleine Zimmer, welches nur zwei Fenster hatte, und von Clemens August dem Kultus seines Stammhauses geweiht war.

In diesem, das **Bayerische Zimmer** [8] genannten Raume, war die ganze Dekoration in den bayerischen Farben, blau und weiß, gehalten. Die Ueberzüge der drei Armsessel, der sechs <32> Banquets und zehn Tabourets, die an den Wänden herumstanden, waren von blauem geschorenem Sammt auf einem Grund von Silbergewebe. Von demselben kostbaren Stoffe waren auch die Uebervorhänge an den Fenstern[55] sowie die Portieren an den beiden wirklichen und den entsprechenden blinden Thüren. An den Wänden sah man zehn große Porträts von Angehörigen des bayerischen Kurhauses: fünf auf der Wand den Fenstern gegenüber, zwei auf der Wand links zwischen dem Kamin und den Thüren, und drei auf der Wand rechts zwischen den beiden Thürgeschränken. Obschon uns nichts darüber mitgetheilt ist, dürfen wir annehmen, daß die *Stuccos* der Wände und die geschnitzten Rahmen, die die Thüren einfaßten, weiß waren, vielleicht hier und da mit eingesetztem blauem Grunde.

Außer den eben genannten großen, befanden sich noch vierzehn kleinere Porträts von Bayerischen Fürstlichkeiten in dem Zimmer, von denen vier wohl auf die Surporten entfallen werden. Wie die übrigen vertheilt waren, läßt sich schwer sagen; vielleicht war unter oder über jedem großen Porträt eins angebracht[56]. Der Kamin von Italienischem Marmor unter dem großen Spiegel[57] zeigte kräftige Formen und war mit vergoldeten Broncebeschlägen geschmückt; von Bronce waren auch die Armleuchter zu Seiten des Spiegels: der Kronleuchter war, wie im

---

[51] »„Ein stück von diesem Spalier", so lautet dazu eine spätere Bemerkung bezügl. des Schloßbrandes, „ist etwa angebrandt." «

[52] »Verbrannte 1777 und wurde durch einen Kronleuchter aus böhmischem Kristall ersetzt. «

[53] »Bis 1767 kamen hinzu zwei kleine Wandspiegel, die aus der Retirade des gelben Apartements genommen wurden und zwischen den Fenstern ihren Platz fanden. Davor stellte man zwei Tische mit weißen Marmorplatten und vergoldeten Füßen, die man dem grünen Kabinet des Sommer-Apartements entnahm. «

[54] Johann Martin Metz (* 1717 oder um 1730 in Bonn; † um 1790 vermutlich in Köln) war ein deutscher Maler und Zeichner.

[55] »Merkwürdiger Weise sprechen beide Inventare von drei Paar Fenster-Gardinen, während das Zimmer doch nur zwei Fenster hatte; außer ihnen zählen sie noch vier Paar Portieren auf. «

[56] »Eins von den kleinen Porträts, das der ersten Gemahlin des Kurfürsten Max I. von Bayern, Herzogin Renata von Lothringen, verbrannte 1777; die übrigen wurden gerettet und sieben von den großen sowie fünf kleine fanden bei der Wiederherstellung ihren Platz wieder in dem Zimmer. Später wurden sie jedoch nach Poppelsdorf und eins auf die obere Etage gebracht. «

[57] »Er ging im Schloßbrand zu Grunde. An seine Stelle kam ein Spiegel aus Poppelsdorf. «

vorhergehenden Zimmer, aus Bergkrystall[58]. Eine mit Bronce <33> garnirte stehende Schlag-uhr auf vergoldetem Fuße ergänzte die Einrichtung[59].

Wir schreiten weiter über den türkischen Teppich, der den blank gebohnten Parkettbo-den deckt, zum **Großen Schlafzimmer** [9], denn auch dieses gehörte nach der Sitte der damali-gen Zeit zu den Festräumen. Allerdings war es nicht das eigentliche Schlafzimmer des Kurfürs-ten, sondern nur, um mich so auszudrücken, sein Salonschlafzimmer. Der dreifenstrige, sehr tiefe Raum, nahm mit dem Bayerischen Zimmer zusammen die fünf Fenster ein, die auf den Balkon in der Mitte der Schloßfront gehen. Hier stand in der Tiefe des Gemachs den Fenstern gegenüber mit dem Kopfende an der Wand in einem Alkoven, der mit grünem, mit goldnen Borten und Fransen besetztem Sammt* ausgeschlagen war, das Paradebett † des Kurfürsten. Vorhänge von grünem Taffets † hingen in breiten Falten von dem reichen Himmel † zu Seiten des Bettes hinab, welches von einer prächtig gestickten Decke † bedeckt war. Die beiden soge-nannten *bonnes graces*[60] waren von italienischer Stickerei und mit Silbermoire gefüttert.

Das Bett diente nicht der nächtlichen Ruhe; es war nur ein Paradestück. Von Frankreich war dies uns seltsam anmuthende Stück einer Saloneinrichtung zu uns herübergekommen. Zwar war dort die altfranzösische Sitte vornehmer Herren, Audienzen auf einem Zeremonien-bette {etwa nach Art unserer *Chaise longue*} liegend zu geben, schon in der Mitte des 17. Jahr-hunderts abgekommen. Gleichwohl erhielt sich die Sitte, im reichsten Raume des Schlosses auch ein solches Paradebett aufzustellen. Und wie Ludwig XIV. ein solches im Mittelraum sei-nes Schlosses zu Versailles hatte, so ahmte man ihm auch hierin an all den Fürstenhöfen nach, wo sein Hof als das Vorbild höfischer Pracht und eleganter Lebensweise galt. So finden wir, wie in der Residenz zu München, so auch in Bonn ein solches Paradebett. <34>

[…] Ueber dem Bette hing an der Wand ein kleines Muttergottesbild † in einem zier-lichen Rahmen von Silberfiligran; neben dem Bette zwei ausgesuchte Stücke der Gemälde-sammlung Clemens Augusts, eine Kreuzigung von Rembrandt und eine Madonna von Ru-bens[61]. Neben dem Bette stand ein Tisch*, der der Dekoration des Alkovens entsprechend, eben-falls mit grünem Sammt mit Goldborten überzogen war; darüber hing ein *Eccehomo*-bild † in Goldrahmen. Am den beiden Enden der Rückwand, an der das Bett stand, waren Thüren; zwei weitere an den anstoßenden Enden der Seitenwände. An allen vieren waren Portieren* aus grünem Sammt mit Goldborten angebracht. Die Surporten † über diesen und den beiden an-deren Thüren an dem vorderen Ende der Seitenwände an den Fenstern waren von Pelegrini gemalt und stellten die vier Evangelisten vor, sowie die hl. Clara und die hl. Theresia.

In der Mitte der Seitenwand links vom Bette erhob sich zwischen zwei Pilastern ein großer Spiegel[62], der in das geschnitzte und vergoldete Tafelwerk über dem prächtig gearbeite-ten, mit reich vergoldeten Broncebeschlägen montirten Kamin aus Roqualinmarmor[63] einge-lassen war. Auf dem Kaminsims stand vor dem Spiegel eine kostbare Garnitur von altem durch-brochenem Porzellan von sieben doppelten und vier einfachen Stücken[64]. Auch hier wuchsen

---

[58] »Er wurde zwar im Brande gerettet aber sehr beschädigt und kam später ins Naturalienkabinet. An seine Stelle kam ein Kronleuchter aus böhmischem Kristall. «

[59] »Es kam später, da der alte Kamin im Brande ziemlich calcinirt worden war, ein neuer Marmorkamin hierhin, dann zwei geringwerthige Kommoden, die nachher ins Sommerapartement abgegeben wurden und sechs „genähete alte stühl". «

[60] *Bonnes grâces* sind die Vorhänge an den Seiten des Himmelbetts.

[61] Nicht in den Katalogen des Nachlasses, siehe (Flörken, Aus dem Nachlass des Kurfürsten Clemens August. Gemälde, Diamanten, Porzellan & Uhren 2022).

[62] »Ging im Schloßbrande zu Grunde. An seine Stelle kam 1780 ein Spiegel aus Poppelsdorf. «

[63] Nicht identifiziert.

[64] »Nur zwei von ihnen wurden gerettet und im *Buen retiro* ausgestellt. «

zwei zierlich geschweifte Armleuchter, die wie der Kronleuchter[65] in der Mitte des Zimmers, aus vergoldeter Bronce waren, in eleganten Windungen aus dem Rahmenwerk des Spiegels heraus. Ein ganz ähnlicher Spiegel †, ebenfalls <35> mit zwei Armleuchtern an der Seite, befand sich an der Wand gegenüber über einem reizenden Sopha, welches wie die zwölf dazu gehörigen Sessel[66] sowie der Feuerschirm vor dem Kamin mit italienischen Stickereien geziert war.

An den drei Fenstern hingen Gardinen von grünem Taffet †; dazwischen waren in das Getäfel der beiden Fensterpfeiler wieder große Spiegel † eingelassen mit Armleuchtern aus vergoldeter Bronce zur Seite. Darunter standen zwei kostbare Kommoden † mit Einlagen von Kupfer und Schildkrott und Montirungen von vergoldeter Bronce, – augenscheinlich Arbeiten aus den berühmten Ateliers von Boulle in Paris, von dem, wie wir wissen, Joseph Clemens bezogen hatte. Die warmen Farben des türkischen Teppichs hoben wirksam die kälteren Töne der übrigen Ausstattung[67], bei denen Grün, die von Clemens August so bevorzugte Jägerfarbe, vorwaltete.

In entschiedenem Farbenkontrast zu diesem Prunkgemach stand das folgende Zimmer der großen *Enfilade*, das **Rothe Kabinet** [10]. Es war das kleinste der ganzen Reihe, hatte nur zwei Fenster und war von geringer Tiefe. – wobei es indeß noch immer sieben Meter Quadrat hielt. Trotzdem hatte es sechs Thüren: außer den beiden an den Fenstern und den entsprechenden an den anderen Enden der Seitenwände zeigte auch die Rückwand an den Enden zwei {natürlich blinde} Thüren, aus deren reich geschnitzten Surporten die Porträts von „sechs jungen Herrschaften auß dem durchleuchtigsten churhauß Bayern" aus ovalen Rahmen herunterschauten. Der Kamin war wieder aus Roqualinmarmor mit vergoldeter Broncemontirung und entsprechender Garnitur; darüber ein Spiegel[68] mit vergoldeten doppelten Armleuchtern zur Seite. Gegenüber ein ebensolcher <36> Spiegel mit gleichen Leuchtern über einem Tisch mit isabellfarbiger Marmorplatte und vergoldetem Fuß.

Den Schmuck dieses Zimmers bildeten kostbare Porzellane, die der Rokoko so sehr liebte. So standen über den Spiegeln zwei große Papageien aus altem Porzellan zwischen vier kleinen, aus Speckstein kunstreich geschnittenen Figuren[69], die auch damals sehr Mode waren. Weitere Stücke waren auf zwei schwarzen Schränken von Lackarbeit mit kostbaren Platten von *Rosso antico* [Marmor], andere an anderen Stellen aufgestellt. Da waren vier große Vasen aus altem blauem Porzellan mit vergoldeten Füßen. Sie mit einer großen Schüssel, die das Inventar als Waschbecken {Handtwaschfaß sagte man damals in Bonn}, ebenfalls aus blauem Porzellan mit vergoldeten Zierrathen bezeichnet, sowie zwei dreiarmige Leuchter aus altem Porzellan, mögen die Garnitur des eben erwähnten Marmortisches dem Kamin gegenüber gebildet haben. Achtundzwanzig Vögel[70] aus sächsischem, d. h. Meißner Porzellan, ein Perlhuhn* und ein anderer Vogel* aus demselben Stoff, die vier Jahrzeiten {wohl vier Figuren} aus weißem sächsischem Porzellan,* zwei runde Schüsseln aus altem Porzellan*, endlich eine ganze Garnitur von dem mit wunderbarer Feinheit bemalten altindischen Porzellan mit biblischen Figuren, bestehend aus Theekanne mit Unterschüssel, Spülschale mit Deckel und Unterschüssel, Milchkanne mit Unterschüssel, Theedose, zwölf Tassen mit Schalen und vier Chokoladetassen, das Alles

[65] »Er ging im Brande zu Grunde. An seine Stelle wurde 1780 ein Kronleuchter aus böhmischem Kristall hier aufgehängt.«
[66] »Zwei von den Sesseln verbrannten. Die übrigen und das Sopha kamen in den Audienzsaal des *Buen retiro*.«
[67] »Max Friedrich ließ bald nach seinem Regierungsantritt die Wände neben dem Kamin und dem ihm gegenüberliegenden Spiegel mit vier *Basselisse*tapeten bekleiden, welche im Brande zu Grunde gingen.«
[68] »Verbrannte und wurde 1780 durch einen andern aus Schloß Poppelsdorf ersetzt.«
[69] »Was hiervon beim Brande gerettet worden, kam auf den *Buen retiro*.«
[70] »Vier davon wurden verkauft; die andern 24 kamen auf den *Buen retiro*.«

war wohl, wie man es damals liebte, auf kleinen Konsolen aufgestellt, die aus den Schnitzereien des Täfelwerks der Wände herauswuchsen. Die <37> Einrichtung wurde vervollständigt durch einen großen Fußteppich † aus der kurfürstlichen Savonnerie[71]-Gobelinfabrik zu Poppelsdorf[72], einen Kronleuchter aus Bronce und zwei Girandolen aus Bergkristall.

Aus dem kleinsten Zimmer der großen *Enfilade* gelangte man in das größte derselben, die **Alte Gallerie** [11]. Seitdem Ludwig XIV. in seinem Schlosse in Versailles den langgestreckten Festsaal errichtet hatte, der unter dem Namen der Spiegelgallerie berühmt ist, gehörte es zu den Erfordernissen eines Fürstenhofes, einen ähnlichen Raum zu besitzen. So enthielt auch das Bonner Schloß eine solche; sie nahm die zehn letzten Fenster der Hofgartenfront des Mittelbaues vor dem Westthurm ein. Die Dekoration des 38 Meter langen Raumes, der durch eine geringe Breitenentwicklung um so länger schien, eine leichte Kompositionssäulenordnung in Stuck[73], war in Weiß gehalten. Auch hier erhob sich über dem Marmorkamin ein großer Spiegel †, vor dem eine werthvolle Garnitur von fünf großen Vasen von altem Porzellan aufgestellt war, drei mit Deckeln und zwei sog. Pfeifen*. Daneben werden die zwei großen Girandolen † gestanden haben, die das Inventar aufführt. Den Fenstern entsprachen auf der Wand gegenüber zehn große Nischen, in denen Porträts hingen*.

Um den großen Raum, dessen Wirkung man nicht durch Kronleuchter hatte stören wollen, zu erhellen, waren auf jedem der neun Pfeiler zwischen den Nischen, ebenso gegenüber auf den neun Fensterpfeilern, je zwei dreiarmige Leuchter aus *Argent haché* [74] angebracht. Daneben waren noch zehn weitere dieser Leuchter*, ferner vierundzwanzig dreiarmige Leuchter[75] und acht kleine Girandolen von vergoldeter Bronce, endlich 43 kleine einfache Leuchter aus *Argent haché* und elf Leuchter <38> aus Zinn aufgestellt. An den kurzen Wänden sah man noch die großen Porträts der Erbauer des Schlosses, Joseph Clemens und Clemens August †; weiter vier Savonneriegobelins, auf denen die Consecration Clemens Augusts dargestellt war, verschiedene kleinere Bilder, eins auf welchem Feldhühner*, ein anderes auf welchem ein Vogel* dargestellt war, zwei Nachtstücke[76], ein kleines Blumenstück* von Savonneriearbeit in Goldrahmen und Anderes mehr. Der Saal diente auch als Spielzimmer. Mit zwanzig[77] kleinen Spielleuchtern aus vergoldeter Bronce konnten fünf Spieltische garnirt werden; vier weitere doppelte waren für den Tisch bestimmt, an dem der Kurfürst sein Spielchen machte. Zwei grün* und eine schwarz lackirte Wand* standen bereit, die Spielenden gegen Luftzug zu schützen. Zu der schwarzen paßte ein Schenktisch*, der ebenfalls von alter schwarzer Lackarbeit war, ganz wie die darauf stehende indische Schüssel* und die beiden kleinen Kästchen*, weiter fünf Truhen* von schwarzem *vieux lac*[78].

In dem Schranke neben dem Porträt Joseph Clemens' lagen allerlei Pretiosen: eine goldene Medaille, dann ein kostbares Service bestehend aus sechs Bechern aus Bergkristall mit massiv goldener Fassung und sechs goldenen Löffelchen auf einem Credenzteller, der silberne „stat Collnische Pocal", eine silberne vergoldete Figur, einen Reiter darstellend auf einer

---

[71] Die „Manufacture de la Savonnerie" in Paris (in einer ehemaligen Seifenfabrik) war im 17. und 18. Jahrhundert eine königliche Manufaktur zur Herstellung von Knüpfteppichen; nach ihr benannte man später auch andere Fabriken.

[72] »Das Inventar sagt bei dieser wie bei verschiedenen anderen Savonneriearbeiten nicht ausdrücklich, daß sie aus Poppelsdorf sei; doch scheint es, daß Alles, was als Savonnerie bezeichnet wird, Poppelsdorfer Ursprungs ist. «

[73] »Renard, 99. S. 200. «

[74] Kupferarsenlegierung mit 37–54 % Arsen.

[75] »Zwölf davon wurden verkauft. «

[76] »Sie gehörten dem Maler Fischer {waren ihm wohl noch nicht bezahlt} und wurden ihm zurückgegeben. «

[77] »Das Inventar erwähnt nur neunzehn; offenbar ist einer abhanden gekommen. Sie kamen später ins Neue Quartier, ins Wohnzimmer des Kurfürsten. «

[78] *Vieux laque* bedeutet schwarz lackiert.

großen Silberschüssel mit vergoldeten Zierrathen, der als Waschkanne diente, ein silbervergoldeter Hahn und zwei silberne Matten {?} mit dem Wappen Joseph Clemens[79]. <39>

An die Alte Gallerie stieß der **Große Thurmsaal** [12] an, der den ganzen Innenraum des Südthurms einnahm und bei dreizehn Meter Breite siebzehn Meter Tiefe besaß. Fünf Kronleuchter von böhmischem Kristall[80] hingen hier von der Decke, um den gewaltigen Raum zu erhellen, der im Tage von den drei Fenstern nach dem Hofgarten und geradeaus durch die vier Fenster nach dem Garten des *Buen retiro* reiches Licht erhielt. Die Nischen in der Wand gegenüber den vier Fenstern schienen wieder Fenster[81] zu enthalten, deren Scheiben aber Spiegel waren. Statt des Kamines diente ein großer grüner Ofen zur Heizung. Obschon nicht in dem Südflügel[82] gelegen, wurde dieser Saal schon zum *Buen retiro* gerechnet, als dessen Vorsaal er diente, welchem Zweck entsprechend er eine Dekoration aus Stuck, aber kein Mobiliar hatte. Auch hier stand ein Posten der Hatschiere, weshalb der Saal zuweilen auch der Gardensaal des *Buen retiro* genannt wird. <40>

Der Buen retiro.

Wir treten nun nach links um die Ecke in die Privatgemächer des Kurfürsten ein, welche, wie oben gesagt, den *Buen retiro* genannten Südflügel einnahmen, in welchem sie sich um einen viereckigen Hof gruppirten. Dieser Hof war bis zur ersten Etage mit Erde angefüllt und zu einem Garten umgewandelt, so daß, wenn man in den ihn umgebenden Räumen zu den Fenstern hinaussah, man auf der einen Seite zu ebener Erde den Binnengarten des *Buen retiro*, auf der anderen Seite den eine Etage tiefer liegenden Hofgarten erblickte. Diese originelle Anlage ist leider bei der letzten großen Restauration des Schlosses in dem jüngst vergangenen Jahrzehnt zerstört worden.

Bei dem großen Schloßbrande von 1777 war der *Buen retiro* erhalten geblieben und hatte so seine ursprüngliche Ausstattung bis zur französischen Zeit sich bewahrt. Trotzdem ist nichts davon bis auf unsere Tage gekommen, was um so mehr zu bedauern ist, als er, wie Reisende des vorigen Jahrhunderts mit Staunen uns berichten, mit geradezu verschwenderischer Pracht eingerichtet war.

Auch dieser Theil hatte seine Gallerie, die **Deutschmeister-Gallerie** [13] genannt. Sie war der erste Raum, den man vom **Thurmsaale** [14] aus betrat. Nicht so kolossal wie die **alte Gallerie** [11], war sie doch von ansehnlicher Ausdehnung, da sie von den acht Fenstern der an den Südthurm anstoßenden Seite des Südflügels die sechs ersten einnahm. In ihr sollte das

---

[79] »Bis 1767 war in der großen Gallerie hinzugekommen das Porträt des Königs Sobieski mit seiner Familie, vier Pastellporträts aus anderen Schlössern, von denen eins verbrannte, die Uhr aus dem Grottensaal {kam später nach Poppelsdorf}, ein Theetisch mit einer Meißner Theeservice und ein kleiner Schreibtisch aus dem Cabinet des Neuen Quartiers {kamen ebenfalls ins Naturalienzimmer, später aus den kleinen Retiro}; dann als Wandschmuck die Porträts des letzten Kurfürsten von Sachsen und seiner Gemahlin, zwei römische Arazzi, die Köpfe von Aposteln darstellend {kamen von da ins Kurfürstliche Schlafzimmer, dann ins Telemaquezimmer und zuletzt in die obere *Enfilade*}. 1780 bei der Neueinrichtung kam das von Tischbein gemalte lebensgroße Bildniß Max Friedrichs hierhin, ferner zwei Kronleuchter aus böhmischem Kristall; dann mußte Schloß Poppelsdorf hierhin abgeben einen Spiegel, einen Marmortisch und die Kamingarnitur. «

[80] »Vier davon waren 1767 in den Akademiesaal gekommen; der fünfte verbrannte und wurde 1780 durch einen großen Kronleuchter aus Poppelsdorf ersetzt. «

[81] »Das Inventar spricht von „vier Paralelle fenster jede mit 32 stück spiegel scheiben". Es scheint hiernach, daß Clemens August die Thüre zwischen dem Thurmsaal und der Alten Gallerie hat schließen und auch in diese Nische ein Spiegelfenster hat setzen lassen. Hierdurch wurde der Saal von der großen *Enfilade* abgetrennt und zum Vorsaal des *Buen retiro*. Seine Eingänge waren dann die zwei Thüren an den Enden seiner Rückwand, die den Fenstern nach dem Hofgarten gegenüber lagen. Es kann aber auch das vierte Spiegelfenster gegenüber der Thür zur großen *Enfilade* angebracht gewesen sein [...], obschon hier ein bis zum Boden reichender Spiegel angezeiget gewesen wäre. «

[82] Grundsteinlegung Mai 1697.

Deutschordens-Hochmeisterthum des Kurfürsten verherrlicht werden. So waren denn die langen Wände der Gallerie mit vierzehn Porträts von Hochmeistern des Deutschen Ordens geziert, in blinkender Ritterrüstung, den weißen Ordensmantel in malerischen Falten um die Schultern geworfen, darauf das breite schwarze Hochmeisterkreuz mit den vier Lilien, die der König von Frankreich, und dem deutschen Reichsadler im Herzschilde, den der deutsche Kaiser dem Orden einst ins Wappen gegeben haben soll.

Fünf Kronleuchter, abwechselnd einer von Kristall <41> und einer von Bronce, hingen in langer Reihe, den Saal zu erhellen. Am oberen Ende stand in der Mitte der Wand der Kamin, dessen Garnitur mit vergoldeten Broncefiguren geschmückt war; darüber erhob sich wohl das Porträt des Kurfürsten als Hochmeister; zu Seiten des Kamins in geschnitzten Rahmen zwei Thüren mit Surporten von Metz. Die *Stuccos*, wie im ganzen *Buen retiro* waren von Morsegno; die Decken hatte Billieux gemalt – die nämlichen Künstler, die auch in den prächtigen Prunkzimmern des Südflügels des Brühler Schlosses arbeiteten[83].

Wir schreiten die Fenster entlang hinauf zum obern Ende, treten durch die Thüre links neben dem Kamin – die rechts ist wieder nur eine blinde – in das Eckzimmer, die **Antichambre** [14], welche zwei Fenster nach Nordosten, drei nach Südosten, nach dem Hofgarten, hatte. Ungeachtet ihres Namens diente sie als Schlafzimmer, denn es stand hier ein Bett, welches indeß trotz seines eleganten Ueberzuges von Brokatelle {Halbbrokat} doch bei näherer Untersuchung sich als dürftig ausstaffirt erweist, da es außer einer Matratze nur mit einem Strohsack und zwei wollenen Decken versehen ist. Es mag hier der Kammerdiener oder vielleicht der dienstthuende Kammerknabe schlafen. Die Wände des Gemaches sind ebenfalls mit venetianischer Brokatelle von „Aurorafarb", also wohl ein lebhaftes Roth mit eingewirkten gelben Blumen bespannt, was dem Zimmer ein recht wohnliches, warmes Ansehen gibt. Die Gardinen an den fünf Fenstern waren von rothem Taffet[84]. Drei Banquets und acht Tabourettes waren mit rothem Damast überzogen. Statt des Kamins war ein weißer Ofen mit <42> vergoldeten Figuren aufgestellt. Die drei Surporten hatte Veit gemalt; ein venetianischer Kronleuchter hing von der Decke[85].

Das Zimmer daneben, das mittlere in der Front, ebenfalls dreifenstrig, war der **Audienzsaal** [15]. Hier war die Poppelsdorfer Savonneriefabrik zur Ausstattung herangezogen worden. Sowohl der Baldachin über dem Throne als auch der Teppich, der die Wand hinter ihm deckte, weiter der Ueberzug des Thronsessels selber, sowie der Fußteppich zeigte die weichen, satten Farben der Poppelsdorfer Produkte. Die Surporten über den Thüren rechts und links vom Throne sowie über den beiden anderen in den Seitenwänden am Fenster waren von einem „Brüsseler Mähler". Auf dem Kamin in der Mitte der Wand rechts standen elf Figuren aus Speckstein[86].

Der Spiegel über dem Kamin war breit aber niedrig; darüber hing ein Bild, der Erzengel Michael; ihm gegenüber auf der anderen Wand über einem ähnlichen Spiegel St. Franziskus

---

[83] »1767 werden als hinzugekommen inventarisirt: ein Canape von gelbgeblümtem Satin aus der Retirade, vier Armsessel und zwölf kleine Stühle mit weißem Taffet gepolstert aus dem Miniaturzimmer {kamen später ins Naturalienzimmer}, sowie 12 Tabourets und 4 Banquets aus dem „lacquirten Cabinet" – alles Räume des Sommer-Apartements. Später kamen noch hinzu eine Kommode und ein Kind mit einem Bock von weißem Marmor aus dem Cabinet des Neuen Quartiers sowie 12 Sessel und 6 Tabourets von Gobelins aus dem Telemaquezimmer. «

[84] »Sie waren vor dem Brande auf die *Garde-meuble* gebracht worden und verbrannten da. «

[85] »1780 kamen hinzu die Porträts des Prinzen von Oranien und seiner Gemahlin, die Schlaguhr aus dem Bayerischen Zimmer, eine Kommode aus dem Schlafzimmer des Neuen Quartier mit dem weißmarmornen schlafenden Kinde darauf; weiter die blauen Kommoden aus der Bibliothek und ein Marmortisch aus dem Rothen Cabinet. «

[86] »Vier davon wurden verkauft. An Stelle der Figuren kamen später ein *Franc-maçon*, zwei Körbchen mit Deckeln, zwei Mohren, die Zuckerschalen vor sich hielten, und zwei Potpourris von Stein. «

Xaverius. An Stelle des Kamins stand darunter eine Kommode mit Marmorplatte und Beschlägen von saucirter Bronce, auf der drei kostbare Vasen[87] von altem, mit bunten Blumen bemaltem Porzellan standen, die mittlere sechseckig, die beiden anderen rund. Von saucirter Bronce waren auch die Armleuchter neben den beiden Spiegeln. Zwischen den Fenstern mit ihren Vorhängen von grünem *Gros de Tours*[88] mit fingerbreiten Goldborten waren große Spiegel eingelassen. Auf jedem der beiden Marmortische davor mit ihren vergoldeten Füßen standen drei sechseckige Vasen[89] von <43> altem blauem Porzellan. Von der prächtig gemalten und mit reichen *Stuccos* gezierten Decke hing em venetianischer Kronleuchter[90].

Das Glanzstück des Bonner Schlosses stand in dem folgenden Zimmer, dem **Großen Schlafzimmer** [16], einem freundlichen, hellen Saale, welcher die folgende Ecke einnahm und durch seine sechs Fenster, drei nach dem Hofgarten, drei andere nach dem heutigen Kaiserplatze, die mit geschliffenen Scheiben verglast waren, reiches Licht erhielt, welches aber durch Vorhänge von schwerem, rothem *Gros de Tours*, die mit fingerbreiten Goldborten und goldenen Franzen besetzt waren, gedämpft werden konnte. Hier stand wieder ein großes Paradebett, welches aber weit prächtiger als das früher besprochene war, und von dem damalige Reisende Wunderdinge erzählten[91]. An der den Fenstern nach dem Hofgarten gegenüber liegenden Wand stand das Prachtwerk in einem Alkoven, mit dem Kopfende nach der Wand. Mit rothem Sammt war es ausstaffirt, der in reichster Weise mit schweren Goldstickereien geziert war. Für die Schnitzarbeiten am Bett und dem Alkoven hatten die Bildhauer Derichs und Radoux 7.250 Rthlr. erhalten. Die Bettdecke war ebenfalls von rothem Sammt mit Goldstickerei, die Vorhänge, die von dem reich geschnitzten und vergoldeten Himmel herabhingen, waren <44> von schwerem rothem *Gros de Tours*. Vor dem Bette zog sich eine geschweifte Balustrade fast von der Form einer Communionbank quer durch das Zimmer und sperrte den Raum um das Bett ab. Für den Reichthum ihrer Form und die Feinheit ihrer Ausführung mag sprechen, daß der Bildhauer Karth 1400 Rthlr. für sie erhalten hatte.

Das geschnitzt Täfelwerk im Alkoven hatte Metz mit Malereien geschmückt, für die er 325 Rthlr. erhalten hatte. Neben dem Bette sah man vor einer Muttergottes, die in einer reich verzierten Nische stand, eine Kniebank, die ebenfalls mit rothem Sammt mit Goldstickerei überzogen war. Dabei hing ein kleiner Weihwasserkessel von vergoldeter Bronce. Eine Nachtuhr von gleicher Bronce war an der anderen Seite angebracht. Als Surporten über den Thüren rechts und links neben dem Bette waren Porträts in die Wandvertäfelung eingelassen. Die Thüre rechts führt direkt in den Garten des *Buen retiro*, die links ins folgende Zimmer. Die Wand rechts vom Bette, auf deren Ueberzug von schwerem rothem *Gros de Tours* die Mittagssonne durch die gegenüberliegenden, nach der Poppelsdorfer Allee gehenden Fenster ihr volles Licht fallen ließ, zeigte in der Mitte den reich ausgearbeiteten Kamin, auf dessen Marmorsims

---

[87] »Wurden 1768 verkauft. An ihre Stelle kam eine Garnitur aus sieben Stücken von sächsischem gelbem Porzellan. «

[88] Starker seidener, taffetartiger Stoff.

[89] »1764 verkauft. An ihre Stelle kamen zwei durchbrochene Vasen, zwei Hahnen, zwei Hühner und vier kleine Schüsseln.«

[90] »Später kamen hierhin 10 Sessel, ein Sopha und ein Feuerschirm, alle mit Gold gestickt aus dem Großen Schlafzimmer, zwei schwarz lackirte Schränkchen aus dem Rothen Cabinet, die aber später wieder wegkamen, dann kam noch später hierhin eine von Max Friedrich angeschaffte Garnitur, bestehend aus zwei Kommoden und zwei Eckschränkchen mit Marmorplatten und eine große Schlaguhr. «

[91] » „Der westliche Flügel enthält zwar sehr reiche, aber noch im alten Geschmacke meublirte Zimmer und ist nur für hohe Gäste bestimmt. Hier stehet das prächtige und sozusagen mit Gold fast überladene Bett, das Könige und Fürsten zum Gebrauche ausschlugen", erzählt Lang 1790. {Reise auf dem Rhein, 11 Coblenz 1790 S. 173}. Aehnlich 1784 der Verfasser der „Mahlerischen Reise am Niederrhein" {Köln und Nürnberg 1784 S. 27}. „In den obern Gemächern ist das prächtige, von Gold strozzende Bett, welches vornehmen Gästen angebothen zu werden pfleget." Die Nachfolger Clemens Augusts bewohnten den *Buen retiro* nicht mehr selbst, sondern benutzten ihn als Fremdenquartier. «

vor einem großen Spiegel elf Figuren in Speckstein[92] aufgestellt waren. Rechts und links davon hingen zwei Porträts. Daneben an den Enden der Wand sah man wieder Thüren mit Porträts als Surporten. Auf den vier Fensterpfeilern waren große Spiegel ins Getäfel eingelassen, vor denen geschweifte Kommoden mit Marmorplatten und vergoldeten Ornamenten standen. Auf jeder standen zwei große, sechseckige Vasen* von altem, mit Blumen bemaltem Porzellan; dazwischen zwei kleinere Vasen* und eine Figur aus Speckstein.

Sechs Sessel waren zum Bett passend mit rothem Sammt überzogen und reich mit Gold gestickt. Um den Blick auf das Hauptstück des Zimmers, das Bett, welches mit seinem Himmel bis zur reich gemalten Decke reichte, nicht zu behindern, war kein Kronleuchter darin aufgehängt. Die Beleuchtung wurde vielmehr durch fünf Paar emaillirter Wandleuchter mit <45> Porzellanblumen[93] bewirkt, die aus dem geschnitzten und bunt bemalten Rahmen um die fünf großen Spiegel zwischen den Fenstern und über dem Kamin hervorwuchsen. Den Fußteppich mit seinen heiteren Farben hatte wieder die Savonneriefabrik in Poppelsdorf geliefert. Die Vergoldungen am Bett und am Mobilar, wie am Täfelwerk der Wände und an der Decke hatte mehr als 5.000 Rthlr. gekostet.

Wir werfen noch einen Blick auf die glänzende funkelnde Pracht, auf die bunten Wände und Decken mit ihren heiteren Farben und ihrer harmonische, sorgfältig abgewogenen Einteilung, schreiten dann über den weichen Teppich an den Fenstern nach der Allee vorbei durch eine Thür in der Balustrade weiter am Paradebett vorbei und treten gradeaus durch die Thüre links neben dem Bette in das Große **grüne Cabinet** [17], dessen Farbe in lebhaftem Gegensatze zu dem schweren Purpurroth des Schlafzimmers steht. Die drei, wie überall im Schlosse bis auf den Fußboden hinuntergehenden Fenster mit ihren Vorhängen von schwerem, grünen *Gros de Tours* mit Goldborten, hatten hier kein Geländer; sie waren vielmehr wirkliche Thüren, durch die man hinaustreten konnte auf eine breite Terrasse, die mitten vor der Front des Gebäudes lag, und von der man weit hinaus sah auf den heutigen Kaiserplatz, damals eine weite, monumental angelegte Gartenfläche, die noch nicht durch die Lindenalleen an den Seiten eingeengt war.

Unten war der Platz durch einen doppelten Halbkreis von Kastanienbäumen begrenzt, von dem heute auch nur mehr Reste erhalten sind, trotzdem, man ihn leicht weiter erhalten könnte. In der Mitte schloß sich dann die vierfache Baumreihe der Poppelsdorfer Allee an, welche man weit hinabsah, bis in der Ferne das Poppelsdorfer Schloß mit dem Kreuzberge und seiner Kirche dahinter das Bild abschloß – einer von den großartigen Prospekten, wie sie die Gartenkunst des Rokoko mit so großem Raffinement zu schaffen wußte. Noch bevor diese künstlichen Anlagen, die Allee und das Schloß errichtet waren, hatte schon Joseph Clemens an seinen Baumeister Robert de Cotte nach Paris geschrieben:

> Cette vue, <46> que le pur hazard donne, est si belle, et si j'ose de lire, si
> précieuse, qu'il faut la conserver en toute manière.

Zwei lange Treppenläufe führten rechts und links von der Terrasse längs der Front des Gebäudes hinab in den Garten, in der Art, wie die Rathhaustreppe auf den Markt hinabführt, nur daß hier statt der unteren Treppenläufe von dem Podest vier Stufen senkrecht zur Front gelegt waren. Durch diese Treppenanlage erhielt diese ganze Front ein viel reicheres Ansehen, als wie sie jetzt mit ihren kahlen Fensterreihen hat.

---

[92] »Vier davon wurden verkauft, es kamen dafür aber neun weitere Figuren hinzu. «
[93] »Wurden 1780 mit Leuchtern aus saucirter Bronce vertauscht. «

Aber treten wir wieder zurück ins Zimmer, in dem mitten in der Rückwand ein Fenster den Blick in den inneren Garten [E] des *Buen retiro* gestattet. Aber nicht nur hier blickt man ins Freie, sondern große Spiegel, die rechts und links neben diesem Fenster an den Enden der Wand den nach der Allee zu gelegenen Fenstern gegenüber angebracht sind, werfen die Aussicht von der Allee zurück und erwecken den Anschein, als wenn man auch an dieser Seite wieder in eine weite Landschaft hineinsehen könnte, als wenn man nach beiden Seiten von diesem Saale eine ausgedehnte Aussicht habe. Hierdurch hatte der Raum etwas ungemein Freies und Leichtes; er schien mehr ein nach zwei Seiten offener Gartensaal zu sein, der gewissermaßen die Ueberleitung von den geschlossenen Räumen des Innern des Schlosses zum Gartenparterre darstellte, in das in der That die Treppen ja auch hinabführten.

Dem Namen des Zimmers entsprechend, war, wie schon oben bemerkt wurde, die Ausstattung in Grün gehalten. Vor den Spiegeln standen Sophas, die mit grünem Damast überzogen waren; die vier Kissen darauf von gleichem Stoff zeigten glitzernde Goldstickerei. Ein drittes Sopha von gleicher Ausstattung stand in der Mitte der Wand links. Vier Armsessel waren ebenfalls grün mit Gold gestickt, während sechs Stühle zwar mit demselben Stoffe überzogen waren, aber keine Stickerei zeigten. Auch die Wände waren mit grünem Damast bespannt, auf dem reiche Goldstickerei glänzte. Zur Seite des Fensters der Rückwand stand vor einem kleinen Spiegel, über dem ein Porträt angebracht war, ein schwarz lackirter Schreibtisch <47> mit goldener Malerei und vergoldetem Fuße, davor ein Sessel. Ein kostbares Schreibzeug von Meißener Porzellan stand darauf; daneben eine Klingel, um den Diener aus dem Vorzimmer herbeizurufen. Auf der andern Seite war vor einem entsprechenden kleinen Spiegel mit großen Porträts darüber eine Kommode, auf deren Marmorplatte zwei große und zwei kleine Schüsseln[94] von altem blauem Porzellan und ein flaschenartiges Fayencegefäß aufgestellt waren. In der Wand rechts war der Kamin, wieder mit einem großen Spiegel darüber, in dem die auf dem Kaminsims stehenden neun Figuren[95] und zwei Tabatièren aus Speckstein sich spiegelten.

Auch auf den Fensterpfeilern waren wieder große Spiegel in die Täfelung eingelassen mit Marmortischen mit vergoldeten Füßen davor, auf denen je zwei große und zwei kleine Vasen[96] von altem, weißem, mit blauen Blumen bemalten Porzellan und wieder ein flaschenartiges Gefäß von Fayence standen. Da in diesem Zimmer wieder ein Kronleuchter, der aus saucirter Bronce gefertigt und mit reizenden kleinen Figuren und Blumen aus Porzellan besetzt war, der Beleuchtung diente, so waren nur an den Spiegeln zwischen den Fenstern je ein Paar vergoldete Broncewandleuchter angebracht. Daß über den beiden Thüren wieder Surporten sich fanden, ist unnöthig, noch besonders zu erwähnen[97].

Das folgende Zimmer, welches nur ein Fenster hatte, war das eigentliche, das sogenannte **kleine Schlafzimmer** [18] des Kurfürsten, welches wohl von Clemens August am meisten hierzu benutzt worden ist. Auch hier waren die Wände wieder mit seiner Lieblingsfarbe, mit grünem Damast überzogen, der mit goldenen Borten besetzt war. Von grünem *Gros de Tours* mit Goldborten waren die Vorhänge am <48> Fenster, von Damast von gleicher Farbe die Portieren der beiden Thüren, durch die wir eintraten, wie die der gegenüber liegenden, durch die wir das Gemach verlassen werden. Von dem nämlichen Stoff mit Gold besetzt war das Bett an der Rückwand mit seiner Bettdecke; ebenso die Bezüge der beiden Armsessel; die

---

[94] »Vogels Inventar nennt sie „Vasen", das Inventar von 1767 corrigirt das in „Jatten". Die zwei großen wurden 1764 verkauft. «

[95] »Vier davon wurden verkauft, die andern kamen ins Schlafzimmer auf dem Kamin und die Kommoden. «

[96] »Davon wurden zwei Paar 1764 verkauft. «

[97] »Später kamen hinzu: zwei Körbchen von Meißner Porzellan, zwei längliche Jatten mit Deckeln und vier Kapaune von altem Porzellan sowie zwei Porzellanvasen und eine stehende Tischuhr ebenfalls aus Porzellan. «

eines Lehnstuhls dagegen und einer Kniebank waren von grünem Sammt. An der Wand rechts über dem Kamin war ein Spiegel eingelassen; darüber ein Gemälde. An der Wand gegenüber war über einer prachtvollen Kommode* mit Beschlägen von saucirter Bronce und kostbarer Marmorplatte die nämliche Dekoration angebracht. Auf der Kommode stand eine Schlaguhr[98], die von einem Elephanten getragen wurde; ein indisches Schreibzeug von rother Terracotta, sechs kleine Vasen und fünf Figuren[99] von Speckstein standen auf dem Kaminsims. Zur Seite der Spiegel waren wieder Armleuchter angebracht. Auf den Feuerböcken im Kamin erglänzten silberne Zierrathen, Adler, Blumenranken und Muschelornamente. Ein Feuerschirm von grünem Pequin stand vor dem Kamine. In den Ecken der Rückwand standen zwei reizende Eckschränkchen* mit Marmorplatten und Beschlägen von saucirter Bronce. Ein französischer Kronleuchter von Glas hing von der Decke[100]. <49>

Hinter dem Schlafzimmer lag das **Badezimmer** [19], ein nicht sehr tiefer, zweifenstriger Raum. Hier stand in der Mitte der Wand den Fenstern gegenüber die große marmorne Badewanne unter einem Vorhänge von Zitz. Dabei ein mit Barchent überzogener Badestuhl. Weiter ein Sessel von spanischem Rohr und ein Marmortisch mit weißem Fuß, auf dem zwei durchbrochene kleine längliche Schüsseln sowie eine größere mit Deckel und Unterschüsse von Majolika, weiter zwei Waschschüsseln von altem blauem Porzellan mit ihren Unterschüsseln standen. Beleuchtet wurde das Zimmer durch einen Kronleuchter von Glas, sowie die emaillirten Armleuchter mit Porzellanblumen, die neben dem großen Spiegel zwischen den Fenstern angebracht waren[101].

An den *Buen retiro* hatte Clemens August 1753–55 noch ein kleines Apartement anbauen lassen, welches den Namen des **kleinen Retiro** [20] führte, und den Garten desselben nach der Stadt zu abschloß[102]. Der Hauptraum hierin hieß das Rosencabinet, weil das Hauptmotiv seiner Wanddekoration Rosenguirlanden bildeten, die auf blaßgrün lackirten Grund gemalt waren. Als Wandschmuck waren hier, wie im Rothen Cabinet hauptsächlich Porzellane verwendet worden. Hier waren es 43 theils große, theils kleinere Vögel[103] aus Meißener Porzellan von meisterhafter Ausführung, die auf Baumstümpfen saßen, um welche fein modellirte Blumen sich rankten und kleine Thiere, Eichhörnchen, Mäuse und ähnliche spielten. Aeste, die aus den Stümpfen hervorwuchsen, trugen Laub, welches mit minutiöser Feinheit ausgeführt war. Darin waren Nester mit brütenden Vögeln, oder es saßen kleine Vögel auf den Zweigen. Die Raubvögel hielten Mäuse und gefangene kleine Vögel im Schnabel, kurz mit unendlicher Mannigfaltigkeit waren diese Arbeiten hergestellt. Auf Consolen, in welche die geschnörkelten Ornamente des Wandgetäfels <50> ausliefen, waren sie aufgestellt. Hierzu paßten gut zwei emaillirte Wandleuchter, die neben dem niedrigen, breiten Spiegel über dem Kamin angebracht waren. Weitere Produkte der sächsischen Porzellanfabrik, sechs mit aufgelegten Blumen und Früchten gezierte Körbchen[104] standen auf dem Kaminsims vor dem Spiegel, über dem noch

---

[98] »Kam aufs Naturalienkabinet. „An staat derselben ist dermalen eine Uhr, so vom Saturnus getragen wird und von Poppelsdorf gekommen ist und stehet solche auf einem schreibkasten, so *Eminentissimus Modernus* angekauft hat." «
[99] »Eine von ihnen wurde 1764 verkauft, die vier andern kamen ins Schlafzimmer. «
[100] »Später kamen noch hierhin: Ein Dutzend Rohrstühle mit grünen Sammtkissen aus Poppelsdorf, ein Muttergottesbild aus Elfenbein, ein Schreibzeug aus blau vergoldetem sächsischem Porzellan, ein Theegeschirr aus altem Porzellan aus dem Rothen Kabinet und zwei Eckschränkchen mit Aufsätzen. «
[101] »Nach 1767 kam noch eine Garnitur von fünf Vasen aus blauem Porzellan hinzu. «
[102] »Zu ihm scheinen die vier Fenster in der Ecke am Neuthor gehört zu haben, die eine leichtere und zierlichere Architektur zeigen, als die übrige Front nach dem Kaiserplatz. Es ist aber auch immerhin möglich, daß der kleine Retiro der Flügel ist, der den Garten des *Buen retiro* in der Richtung nach der Münsterkirche hin abschließt. «
[103] »21 davon wurden verkauft. «
[104] »Zwei davon wurden 1768 verkauft. «

ein Porträt angebracht war. Die Fenstergardinen waren von grünem Taffet. Zwei schwarz lackirte Sessel sowie ein dritter von spanischem Rohr mit grünem Damastpolster vervollständigten das Mobilar.

Das nun folgende kleine einfenstrige Zimmer, das Boudoir, enthielt am Fenster Vorhänge von weißem Taffet mit einer gestreiften Borte. Die Wände waren mit Pequin bespannt. Eine kleine Kommode mit Marmorplatte, ein Armleuchter von Spiegelglas und zwei Sessel mit Polstern von Peguin bildeten die Ausstattung[105].

Der dahinter liegende Raum, der als Antichambre zu diesem Apartement diente, war, wie das für solche Räume beliebt war, hauptsächlich mit *Stuccos* dekorirt. Ueber dem Kamin war wieder ein großer Spiegel eingelassen. Bei den vier Tabourettes kam einmal eine andere Farbe zur Verwendung, da sie mit veilchenfarbigem Damast überzogen waren; vier einarmige Wandleuchter von saucirter Bronce dienten zur Beleuchtung[106].

Die Schloßkapelle.

Hiermit wäre der *Buen retiro* besichtigt. Wir gehen nun durch einen langen, der alten Gallerie parallel laufenden Gang zu der nahebei gelegenen **Schloßkapelle** [22], welche die ganze Südwestseite des <51> **Hallenhofes** [C] dem alten Eingang gegenüber einnahm und bis zur Straße Am Hof sich erstreckte. Sie ist nach dem Brande von 1777 nicht wieder aufgebaut worden, sondern es wurde im gegenüberliegenden Flügel eine neue Kapelle, die heutige Schloßkapelle, eingerichtet. Wie die neue, so reichte auch die alte, viel größere, langgestreckte Kapelle durch alle drei Geschosse des Schlosses. Der untere, dem Erdgeschosse des Schlosses entsprechende Theil, zeigte zwischen Doppelpilastern nur glatte Wände, die aber an Festtagen einen eben so reichen als kostbaren Schmuck in großen Gobelins erhielten, die daran aufgehängt wurden. Joseph Clemens hatte sie in Brüssel anfertigen lassen und 6.936 Patagons {holländische Thaler} dafür bezahlt.

Auf der Höhe des ersten Geschosses öffneten sich gallerieartig nach dem Schiffe zwischen Doppelstellungen von korinthischen Säulen fensterartige Loggien, hinter denen ein breiter Flur sich hinzog. In ihnen nahmen beim Gottesdienst die höchsten Hofchargen Platz, während der Kurfürst, wenn er nicht selbst die h[eilige] Handlung verrichtete, sich in einen erkerartigen, reich geschmückten Vorbau begab, der sich vor der dritten {vom Altar aus gerechnet} Loggia gerade über dem Haupteingang befand, dessen Geschränk man heute noch im Hallenhof in der Wand sieht. Ueber diesen Loggien fand in einem weiten Raume, der sich in sechs Bogen nach der Kirche öffnete, die Hofkapelle Aufstellung, wie auch eine Orgel da untergebracht war. Der Hauptaltar reichte bis ans Obergeschoß; drei Säulen, die sich darüber erhoben, trugen einen Baldachin. Darüber, etwas zurückliegend, standen oben an der Chorwand drei Nebenaltäre neben einander. Noch weiter rückwärts lag über diesen Altären die Loretokapelle, in der an den Muttergottesfesten das h. Opfer dargebracht wurde.

Den Hauptschmuck der Kapelle bildeten die prächtigen Fresken der Decke von Sanguinetti, in denen die Sätze des *Gloria* in achtzehn Gruppen dargestellt waren. Die Geburt Christi mit den Engeln versinnbildete das *Gloria in excelsis Deo*. Daneben zog sich von der Loggia des Kurfürsten quer über das ganze Gewölbe herüber ein Regenbogen mit der Inschrift: *in terra pax hominibus bonae voluntatis*. Weiter sah man die Hirten, die das Kind in der Krippe

---

[105] »1776 kam noch ein Porträt Clemens Augusts in Goldrahmen hierhin, welches aber 1780 im Sommerapartement verwendet wurde. «

[106] »Später kam noch hinzu ein Potpourri von Porzellan aus dem Chinesischen Zimmer des Sommerapartements und ein Marmortisch aus der Deutschmeistergallerie. «

anbeteten und las darüber *Laudamus te, benedicimus te*, während <52> über der Anbetung der h. drei Könige *adoramus te, glorificamus te*, geschrieben war. Die fünfte Gruppe, die Darstellung Jesu im Tempel, galt dem Spruch *Gratiam agimus tibi proptor magnam gloriam tuam*; die sechste, der zwölfjährige Jesus im Tempel dem *Domine Deus, rex coelestis, Deus pater omnipotens*. Es folgten die Beschneidung Christi mit der Inschrift *Domine fili unigenite Jesu Christe*, die Taufe Christi im Jordan mit der Inschrift *Domine Deus, agnus Dei filius patris*; weiter die verklärte h. Maria Magdalena sowie das in den Wolken strahlende Kreuz von dem die triumphirende Kirche beschattet wurde, mit der Inschrift: *qui tollis peccata mundi, miserere nobis*; ebenso wurde von ihm die streitende Kirche in Gestalt des Papstes beschattet, der auf der Brust den h. Geist trug und in den Händen den mit dem h. Blute gefüllten Kelch hielt, von dessen *Cuppa* Strahlen ausgingen; dabei: *Qui tollis peccata mundi suscipe deprocationem nostram*; ebenso die leidende Kirche, nämlich die Seelen im Fegfeuer beschattet mit dem Spruch: *Qui sedes ad dexteram patris miserere nobis*. Die drei folgenden Gruppen versinnbildeten die drei göttlichen Tugenden, den Glauben durch Adam und Eva: *Quoniam tu solus sanctus*, die Hoffnung durch Moses: *Tu solus Dominus*, und die Liebe durch den Apostel Johannes, wie er das Evangelium schreibt: *Tu solus altissimus*. Endlich folgte der Erlöser mit dem Kreuze in der Hand; darüber stand: *Jesu Christe*; der h. Geist in Gestalt einer Taube mit der Inschrift: *Cum sancto Spiritu*, und Gott Vater mit dem Spruch: *In gloria Dei Patris*. Die achtzehnte und letzte Gruppe bildeten vier Thiere, welche sagten: *Amen, amen, amen, amen*. Der Thurm der Kirche enthielt sieben Glocken[107]. […]

Die Privatgemächer Joseph Clemens'

Außer diesen Kapellen hatte der Kurfürst noch ein Privatoratorium. Es ist das wohl dasjenige, welches später als **St. Peterskapelle** [24] bezeichnet wird und wohl das nämliche, welches wir auf de Cottes Schloßplan als Peterpaulskapelle finden. Es lag neben der großen *Enfilade* an der Rückseite des Schlosses nach dem Hallenhofe zu und zwar hinter dem Bayerischen Zimmer[108]. Seine Dekoration war ganz in Stuck gehalten. Wir erfahren nur, daß ein großer Spiegel auch hier nicht fehlte, und daß die Kniebank mit Kissen <54> von blauem Sammt versehen war[109].

Daneben lag, hinter dem großen Paradeschlafzimmer ein kleines, einfenstriges Kabinet, in welchem wir wohl das **Wohnzimmer** [25] Joseph Clemens' zu sehen haben. Die Surporten waren hier einfarbig als Reliefs gemalt {*en camaieu*[110]}. Ueber dem Kamin, der in der Wand links vom Fenster stand, und dessen Feuerböcke mit silbernen Löwen geschmückt waren, erhob

[107] »Pick in den Annalen des historischen Vereins 43 S. 110 f. «
[108] »Ich habe angenommen, daß dieses Oratorium dasjenige ist, welches Robert de Cottes Schloßplan als Peter-Paul-Kapelle bezeichnet. Es könnte hier aber auch die St. Florianskapelle gemeint sein, welche neben dem kleinen Retiro liegt und heute noch ihr Deckengemälde enthält, auf dem eine alte Ansicht der Schloßfront zu sehen ist. Uebrigens nennt das Inventar weder die Peter-Pauls-, noch die Florianskapelle, wohl aber mehrfach eine St. Cajetanskapelle. Außerdem führt das Inventar nach dem Alten Apartement ein Geheimes Oratorium an, welches sehr einfach eingerichtet war, da seine Wände nur mit Frankfurter Leinen bespannt waren. Auf der Wand sah man, wohl über dem Kamin, einen kleinen Spiegel. Das Porträt des verstorbenen Freiherrn v. Roll war wohl darüber. Weiter hing noch ein Bild an der Wand, Kaiser Karl VII. auf dem Paradebett. In einer Nische war ein Eccehomobild, welches umgedreht werden konnte, und dann ein Gemälde mit der gleichen Darstellung zeigte. Davor stand ein Betstuhl mit rothen Sammetpolstern. Ob dies Oratorium das nämliche ist, welches das Inventar 1767 die St. Josephskapelle nennt […], die beim Schloßbrande zu Grunde ging, kann ich nicht sagen. «
[109] »Es kam später noch hinzu: ein Marmorkruzifix, eine Statuette des hl. Hieronymus aus Elfenbein von der Bibliothek, zwei Gemälde von Barth. Douven, die Muttergottes und der hl. Clemens, zwei kleinere, Karl VII. und seine Gemahlin nach ihrem Tode auf dem Paradebett und ein Bild der Muttergottes von Altötting. «
[110] = gemalt im Stil einer Kamee, eine monochrome Maltechnik.

sich ein kleiner Spiegel mit einem Gemälde darüber. Zwei große Spiegel waren zwischen zwei Broncearmleuchtern in das Getäfel eingelassen. Das Sopha mit zwei kleinen Kissen darauf und zwei Trepieds waren mit kostbarem Goldstoff überzogen. Ein Sekretär mit hübschen Bronceornamenten und ein Marmortisch mit vergoldetem Fuß vervollständigten die Ausstattung[111].

Das anstoßende **Schlafzimmer** [26] war wohl das, in welchem Joseph Clemens 1723 gestorben war. Auch hier war die Ausstattung in neutralen Tönen mit Gold gehalten. Die Wände waren mit Lackmalerei geziert. Die Surporten waren wieder *en camaieu*, in Tuschmanier gemalt; die Vorhänge* an den beiden Fenstern von lila *Gros* <57> *de Tours* mit silbernen Spitzen. Um so lebhafter erglänzte auf diesen stumpfen Farben der reiche Goldstoff, aus dem die ganze Ausstattung des Bettes war: die faltigen Vorhänge des Betthimmels*, die Bettdecke*, der Fußkranz (*soubassement*); – selbst die Bespannung* der Wände des ganzen Alkovens war aus Goldstoff. Auch die vier Armsessel* waren mit Goldmoire überzogen. Die übrige Ausstattung, der große Spiegel über dem Kamin, dessen Feuerböcke wieder mit Silber montirt waren, wiesen nichts besonderes auf[112]. Ebenso enthielten zwei dahinter liegende Kabinette und die Garderobe nichts von Bedeutung[113].

Das Alte Apartement.

Wir begeben uns nun zu dem sog. **Alten Apartement** [27], welches ohne Zweifel in dem alten Ferdinandeischen Theile des Schlosses, der Fürstenstraße gegenüber lag. Daß seine Einrichtung noch auf Max Heinrich zurückgegangen wäre, ist unwahrscheinlich, da bei dem <58> Bombardement Bonns im Jahre 1689 auch dieser Theil des Schlosses nicht verschont geblieben, und von seiner Einrichtung wohl kaum etwas gerettet worden sein wird. Es scheint vielmehr dieser Theil des Schlosses von Joseph Clemens zuerst wiederaufgebaut und neu eingerichtet worden zu sein. Wir hätten hier also seine ältere Wohnung, aus der er dann später in die eben besprochenen, längs der Großen *Enfilade* hofwärts gelegenen Privatgemächer übersiedelte.

Hierfür spricht schon die einfachere Einrichtung. Dann aber gibt sich hier ein ähnlicher Geschmack kund, wie in den vorhin besprochenen Gemächern, in denen Goldstoff mit Vorliebe verwendet war; – hier finden wir dieselbe Farbe in einfacherem Gewände, nämlich gelbe Stoffe. Vielleicht darf man sagen, daß, wenn die Lieblingsfarbe Clemens Augusts Grün war, sein Vorgänger Joseph Clemens Gelb bevorzugte.

Hier im Alten Apartement waren schon in der Antichambre die Wände mit gelber Brocatelle † bespannt. Das Porträt Papst Benedicts XIV. †, welches die Wand schmückte, war freilich erst später dahin gekommen. Das Mobilar war übrigens spärlich. Ein altes mit rothem Leder

---

[111] »Das Zimmer war augenscheinlich etwas vernachlässigt. Sein Mobilar wurde später durch einen emaillirten Kronleuchter mit Porzellanblumen vermehrt, dann kamen noch verschiedene kleinere Gegenstände hinein: drei Elfenbeinfiguren aus der Bibliothek, vier Königshasen aus Porzellan aus dem Chinesischen Kabinet des Sommerapartements und eine Theeservice von blauem Sevresporzellan. «

[112] »Später kam eine kleine Porzellanuhr aus dem Chinesischen Kabinet hinzu, eine Theeservice aus grünem Sevresporzellan und ein Elfenbeinrelief in vergoldetem Broncerahmen, welches übers Bett gehangen wurde. «

[113] »Das Inventar erwähnt als ihr Mobiliar: „Ein doppelter schreib-zeuch, worinn Dinten-faß und sand-büchß Von silber, Zwey Spiegel, acht Surportes, Zwey gemähl *en Camaieu*, vier Kleine fenster Cortinen Von gaze, zwey Paar schlechter feuer-hund von eisen samt Zubehör, Zwey lehn-Sessel von rothem *gros de tour* und Zwey Paar armb-leuchter Von saucirter brontze." – Die Garderobe enthielt nach dem Inventar: „Ein Renner {Bett} mit einer Matratz, einem Polster und drey Decken, Ein Comode mit Ornamenten Von brontze und einer Platten Von Marmor, Zwey Susportes, Vier Tripieds Von gelbem damast, Ein Spiegel, Zwey Kleine armb-leuchter und Vier Kleine Cortinen Von gaze." Später kam hinzu eine chinesische Laterne aus der Retirade des Gelben Apartements, ein broncemontirter Potpouri von blauem Porzean, zwei Schüsseln aus altem Porzellan aus dem Chinesischen Kabinet und zwei alte chinesische Thüraufsätze aus dem chinesischen Schlafzimmer.«

überzogenes Sopha, ein paar Tische und Stühle, zwei sog. Renner Tische, unter denen Federbetten waren für die wachthabenden Hoflaquaien, fünf Surporten †, ein Ofen aus Fayence †, endlich ein Broncekronleuchter[114] und drei gläserne Wandleuchter, das war Alles.

In dem folgenden Schlafzimmer war wieder Gelb die Grundfarbe. Die Wände waren mit gelb und weißem Moire bespannt. Von gleichem Stoffe waren Bettdecke und Fußkranz; die Vorhänge des Betthimmels von gelbem *Gros de Tours*. Im Betthimmel war ein kupfernes Krucifix und ein heiligen Bild des Antonius von Padua in einem äußerst zierlich gearbeiteten Silberfiligran-Rähmchen <59> aufgehängt. Ebenfalls mit gelbem Moire überzogen war auch ein Armsessel; ein Lehnsessel zeigte dagegen rothes Sammetpolster; er war wohl erst nachträglich dazu gekommen. Der Thürschirm war von gelbem *Gros de Tours*, die Gardinen an den beiden Fenstern von Taffetas. Ueber dem Kamin wieder ein großer Spiegel †; zwei weitere † über zwei Kommoden. Auf diesen stand ein Waschzeug mit Seifenbüchse von *Argent haché* sowie ein anderes von Fayence; dabei stand eine Tasse von Frankenthaler Porzellan mit silbernem Theelöffel, auf einem vergoldeten Credenzteller aus Silber. Auf der Marmorplatte des Nachttischchens lag eine Lichtputzscheere von Stahl.

Einen lebhaften Gegensatz zu dem Gelb des Schlafzimmers bot das Blau, welches in dem kleinen Kabinet nebenan vorherrschte. Man merkt deutlich hierin den italienischen Geschmack, der zur Zeit, als Zuccali noch den Bau des Bonner Schlosses leitete, hier maßgebend gewesen war. Die Vorhänge an dem Fenster waren von blauem Taffet, der Ueberzug des Sessels vor dem mit hübschen Broncen montirten Sekretär von blauem Moire. Der kleine Spiegel über dem Kamin mit einem Gemälde darüber scheint freilich dem Geschmack einer späteren Zeit zu entsprechen.

Aus späterer Zeit war auch ein Theegeschirr, welches da in einem Schranke stand, bestehend aus Thee- und Milchkanne, einer Zuckerdose, Spülkumpe und sechs Tassen – von „pfeiffen Erdt", sagt das Inventar – soll heißen aus weißem Thon. Es war „letzthin zu Poppelsdorff zur Prob verfertigt worden", als Kaising dem Kurfürsten daselbst eine Porzellanfabrik zu errichten versprochen, aber nur Fayenceprodukte zu Stande brachte, da die dort in der Umgegend sich findenden Thone kein Kaolin, keine Porzellanerde, sind[115]. In einem Glasschranke stand noch eine zweite Theeservice „Von Poppelsdorffer Pfeiffen Erd"*, weiter verschiedene gläserne Gefäße und Geschirre*, zwölf *Eau de la reine*[116]-Flaschen aus <60> Speckstein* und endlich 18 Figuren aus Steinsalz. Drei der letzteren nahmen ein schmähliches Ende, da sie Wasser aus der Luft anzogen und zerschmolzen.

Die Retirade nebenan, ein großes Gemach, in welchem wieder über dem Kamin ein großer Spiegel, zwei weitere über zwei Marmortischen mit vergoldeten Füßen angebracht waren, diente wieder als Ausbewahrungsort für allerlei Geschirr. So fand sich hier u. a. wieder ein Theegeschirr aus Poppelsdorf: Kaffee-, Milch- und Theekanne, Zucker- und Theedose sowie zwölf Tassen mit Unterschalen[117]. Weiter 30 Teller aus „Bönnischem Fayence" {wohl auch Poppelsdorfer Fabrikate[118]}. Auf einem anderen Theeservice von weißem Porzellan waren Vögel mit dem Diamanten eingeschnitten*. Dann sah man da zwei Porzellankörbchen von

---

[114] »Wurde in die zweite Antichambre des Neuen Quartiers überführt, da der dort befindliche aus venetianischem Kristall gebrochen war. «

[115] »Schumacher, Die Poppelsdorfer Porzellan- und Steingut-Fabrik von Ludwig Wessel. 2. Aufl. Bonn 1880, S. 6. Die Service wurde 1768 verkauft. «

[116] *Eau de la Reine de Hongrie* ist ein Parfum aus dem Jahre 1370. Es wurde für die Königin Elisabeth von Ungarn kreiert.

[117] »Sie wurden später der Schwester des Kurfürsten, der Gräfin Josepha von Königsegg, in dero Logement zur alten Müntz hingesendet. «

[118] »Clemens August hatte sie dem Kammerfourier Vogel geschenkt. «

durchbrochener Arbeit, zwei weitere mit aufgelegten Figuren, eine Kanne* von blauem Porzellan, eine Butterdose* mit Deckel und Unterschüssel von grauem Achat, ein Rosenkranz* von blutrothem Achat, sieben Ambragefäße mit Figuren*, ein Kistchen von Barrenstein*, mit 42 Jettons, und Aehnliches[119]. <61>

Das Inventar erwähnt dann noch die Neue Schatzkammer, in der das reiche Tischservice von Meißener Porzellan und eine Menge anderen Tafelgeschirrs aufbewahrt wurde. Ich vermuthe, daß dies der von Robert de Cotte zum Billardzimmer bestimmte, hofwärts neben dem Papstzimmer am Gardensaal gelegene Raum war, umsomehr, als das Inventar ein Billardzimmer gar nicht erwähnt. Die eigentliche Schatzkammer oder die Silberkammer wird in dem Inventar gar nicht genannt. Ihr Inhalt gehörte allerdings in das Inventar des Mobiliars auch gar nicht herein. Sie lag in dem Erdgeschoß des Ostthurms […][120].

Der Speisesaal.

Bei der Besichtigung der großen *Enfilade* haben wir den im Ostthurm gelegenen **Speisesaal** [28], die heutige Aula übergangen. Noch ist darin die Gallerie erhalten, zu der einst das Publikum, wenn es anständig gekleidet war, ohne Weiteres zugelassen wurde, um den glänzenden Prunkmählern seines Landesfürsten zuschauen zu dürfen. Ehe dieser Speisesaal gebaut war, durfte es sogar in den Speisesaal selbst eintreten, „welches jedoch mit solcher Mäßigung zu gestatten", bestimmte darüber die Hofordnung vom 9. Febr. 1715,

> daß dardurch kein überhäuftes geträng in den Churfürstl. Zimmern verursachet und die nöthige bedienung I[hrer] Ch[urfürstlichen] D[urchlaucht] höchster Person und dero tafel verhindert werde; wobey aber wohl obacht zu nehmen, daß keine weibs Personen in regentüchern, noch Männer in Ihren mänteln umbgeschlagener weise oder sonst vermumte leuthe, noch kinder, noch diener mit livrée und mägde, weniger auch nicht kranke Personen hineingelassen werden.

Man war übrigens in dieser Beziehung damals sehr weitherzig, so daß, wenn das große Publikum einmal nicht zugelassen wurde, es dann doch den Hoffähigen stets gestattet war, in den Speisesaal zu treten und sich von dem Appetit des Fürsten und seinem Wohlbefinden durch eigene Anschauung zu überzeugen.

> Wann <62> I. Ch. D, so bestimmte die Hofordnung nämlich weiter, abends auf die gewöhnliche weiß nicht öffentlich speißen, soll man keinen andern den Zugang zum tisch gestatten, alß jene so in die Churfürstl. Vorzimmer kommen dörfen; in beyden gelegenheiten aber ist ein für allemahl zu beobachten, daß hinter I. C. D. beym tisch niemand stehen soll alß die Truchsessen und Cammerknaben. Man hat auch zu verhindern, daß sich niemand, außer denenjenigen, so I. C. D. höchste Person am

---

[119] »Bis 1767 waren noch ein Paar Porzellankörbchen von durchbrochener Arbeit, zwei weitere mit aufgelegten Figuren und ein Francmacon aus Porzellan hinzugekommen. Hier mag bemerkt werden, daß die als Retirade bezeichneten Zimmer, die wir in den verschiedenen Apartements finden, wirklich die Bedeutung gehabt zu haben scheinen, die wir oft mit diesem Worte verbinden. Das Inventar führt unter dem Mobilar des hier besprochenen Raumes auf „Ein Nachtstuhl mit Ueberzug von rothem Damast"; in der Retirade des Nebenmagazins des Sommerapartements befand sich ein solcher mir Ueberzug von Zitz, ähnlich in den übrigen Retiraden. Niemals aber findet sich der Nachtstuhl im Schlafzimmer. Auffallend ist dabei, daß die Retiraden große mit Trumeauxspiegeln und elegantem Mobilar ausgestattete Räume und nicht etwa kleine Gelasse waren. «

[120] »Pick in den Annalen 43, 109. «

tische bedienen, an dero Speise und schenktisch nähere, und haben sich
die Zuschauer gleichwohl bey dem Churfürstl. tisch herumb gegen I. C. D.
über, oder auf die seiten zu stellen.

Daß sich dabei trotzdem Unzuträglichkeiten einstellten, kann man sich denken und
man begreift, daß man bei dem Bau des neuen Speisesaals auf ein Mittel bedacht war, bei welchem es dem Publikum ermöglicht war, nach altgewohnter Sitte dem Mahle des Fürsten zuzu-
sehen, ohne gleichwohl lästig zu fallen. Hierfür war nun die Gallerie eingerichtet worden. Da
sammelten sich nun die Bonner und schauten in den prächtigen Festsaal hinab. Der große Ka-
chelofen strömte eine behagliche Wärme aus: der kolossale, doppelte Kronleuchter[121] von
Email, der in der Mitte hing, sowie die vier kleineren von funkelndem Kristall, die ihn beglei-
teten, erstrahlten im Glanze der Wachslichter, welcher sich in den zwölf Broncereliefs spiegelte,
die zwischen den Halbsäulen und Bogen aus Stuck aufgehängt waren, die die Wände schmückten. Auf den grünen Sammetstühlen um die lange Tafel saß der Hofstaat in den bunten, kleid-
samen mit Gold gestickten Trachten der Rokokozeit, auf den Köpfen die großen, gepuderten
Allongeperücken, während einige schon der neuen Mode folgend die Haare hinten zu einem
Zopfe zusammengeflochten trugen.

Auf dem Tische aber blinkte im Lichterglanze das kostbare Tafelsilber, die große Pariser
Service: in der Mitte ein hoher Tafelaufsatz, weiter nach den Enden zwei weitere niedrige, von
denen der eine eine Wolfsjagd, der andere eine Wildschweinsjagd vorstellte – man sieht <63>
auch hier war die Jagdpassion des Kurfürsten wieder zum Ausdruck gekommen; dazwischen
standen vier große silberne Leuchter. In acht großen Silberterrinen wurde die Suppe herein-
gebracht. Für die anderen Gänge standen vier große Schüsseln mit Deckeln und Unterschüsseln
bereit. Weiter gehörten zu dem Silberservice vier Kühlkessel, zwölf kleine Schüsseln für Ra-
gouts, acht weitere, von denen vier eckig geformt waren, vier Saucieren mit Unterschüsseln,
zwei Einsätze für Baumöl- und Essigkaraffen, vier Kränze mit Orangenblättern, vier kleine
Körbchen, vier eckige für Essigkaraffen, zwei Pastetenschüsseln mit und zwölf ohne Deckel,
vier große und sechszehn kleine runde Schüsseln, achtzehn noch kleinere, vier große ovale
Schüsseln und zwanzig kleine, siebzig Teller, ebensoviele Bestecke, sechs Salzfässer, sechs Pfef-
ferdosen, drei „Senft pöttger" und die dazugehörigen Suppen-, Ragout-, Zucker- und andere
Vorlegelöffel. Die ganze Service, welche 2008 Mark, d. h. 560 Kilo wog, wurde 1761 verkauft
an einen gewissen Frantzen[122], natürlich eine vorgeschobene Persönlichkeit, für 36,157 Rthlr.

Außer diesem, bei besonders festlichen Gelegenheiten gebrauchten Service war auch
noch anderes Silbergeschirr vorhanden. So steigerte bei der Auction 1761 der Hofjude Baruch
aus dem Nachlasse Clemens Augusts ein silbernes „reiß Servisgen", bestehend aus Suppen-
kumpe, sechs Schüsseln, achtzehn Tellern, sechs Bestecken, Vorlegelöffel und -gabel, Marklöf-
felchen, Eierbecher, Salz- und Pfefferdose für 633 Rthlr. an; es wurden weiter sechs silberne
Casserollen mit Deckeln, über 43 Mark, also 10 Kilo schwer, für 708 Rthlr. verkauft, 24 Bestecke mit Porzellangriffen für 300 Rthlr. Außerdem kam ein silberner Kronleuchter zum Verkauf, 45 Mark, d. h. 10 ½ Kilo schwer, der 539 Rthlr. erzielte, sechs Wandleuchter, die 836
Rthlr., zwei Augsburger Leuchter, 29 Mark oder fast 9 Kilo schwer, die 388 Rthlr. einbrachten.

Angerichtet wurden die Speisen für die Kurfürstliche Tafel in dem anstoßenden Raum
der nach dem Michaelsthor sich hinziehenden großen Gallerie, durch den man heute zur Aula
gelangt, und der damals als **Büffet** [29] diente. Das Inventar erwähnt von ihm nur, <64> daß

---

[121] »An seiner Stelle war 1767 ein großer Kronleuchter aus venetianischem Glas von Herzogsfreude da, der 1777 verbrannte.«

[122] Siehe (Flörken, Aus dem Nachlass des Kurfürsten Clemens August. Gemälde, Diamanten, Porzellan & Uhren 2022, 185).

ein großer Spiegel da angebracht war. Sonst scheint seine Ausstattung nur aus Stuck bestanden zu haben, da er nur als eine Art von Flur diente.

Das Neue Quartier.[123]

Durch den Buffetsaal begeben wir uns, indem wir uns nach rechts wenden, nach dem, dem *Buen retiro* gegenüberliegenden Flügel [...], der damals das Neue Quartier, vom Volke jedoch nach der vorher hier gelegenen Bastion die Maus genannt wurde. Die Ausstattung dieser Räume, die für die Aufnahme von fürstlichen Gästen bestimmt waren, war eine einfachere, wenngleich Giuseppe Artario für die Stückarbeiten darin 2.180 Rthlr. erhalten hatte. Auch dieses Apartement bestand aus zwei Vorzimmern, dem Audienz- und dem Schlafzimmer, nebst einigen Privatgemächern.

Die erste **Antichambre** [30], zu welcher die beiden mittleren Fenster der dem abgesperrten Garten zugekehrten Front dieses Flügels gehörten, enthielt als Wandschmuck fünf Gobelins, in die das Wappen des von Joseph Clemens gestifteten St. Michaels-Ordens eingewebt war, einer Lieblingsschöpfung dieses Fürsten, die noch heute als Bayerischer Orden existirt. Weiter waren die Wände, abgesehen von drei Surporten durch ein Porträt des Papstes Clemens XIII. geschmückt, sowie durch einen kleinen Spiegel, der über einer Kommode mit Marmorplatte zwischen zwei emaillirten Wandleuchtern mit Porzellanblumen angebracht war. Die Fenstervorhänge waren von grünem Taffet. In den Ecken der Wand, den Fenstern gegenüber standen zwei eingelegte Eckschränkchen mit Marmorplatten. Statt des Marmorkamins war hier ein Kaminofen von der Poppelsdorfer Fayencefabrik[124]. Auch hier fand sich ein „großer Rennertisch" mit <65> Bett darin für den Kammerdiener. Endlich war noch ein großer eingelegter Marmortisch und ein Kristallkronleuchter[125] da[126].

Die zweite **Antichambre** [31] bildete das Eckzimmer mit drei Fenstern nach dem abgesperrten, und zwei nach dem Hofgarten. Auch hier, wie in der Ausstattung des ganzen Apartements, kam die Lieblingsfarbe des Kurfürsten wieder mehrfach zur Verwendung. So waren hier die Vorhänge von grünem Taffet. Den Wandschmuck bildeten wieder Gobelins, und zwar wieder zwei mit dem Wappen des Michaelsordens, während drei weitere einer Folge von acht Stücken angehörten, auf denen Scenen aus dem Feldzuge des Kurfürsten Max Emanuel v. Bayern in Flandern dargestellt waren. Ein großer Spiegel zwischen zwei emaillirten Wandleuchtern mit Porzellanblumen fehlte auch hier nicht. Den Kaminofen[127] hatte wieder die Poppelsdorfer Fabrik geliefert. Ein Tisch von schwarzem Marmor *à pores d'or*, ein weiterer, der von verschiedenen alten, farbigen Marmorsorten zusammengesetzt war, zwei Schränkchen mit Broncebeschlägen und Marmorplatten, sowie 16 Stühle von rothem Maroquin bildeten das Mobilar. In der Mitte hing ein Kristallkronleuchter[128] von der Decke, herab. Das Hauptstück aber war eine große von Knaust[129] in Darmstadt verfertigte Kunstuhr mit einem Glockenspiel, welches fünf

---

[123] Auch das neue Appartement, (nach dem Brand 1777) vor allem von Kurfürst Max Friedrich bewohnt.

[124] »„Von Bönnischem fayence", sagt das Inventar. Er wurde später durch einen eisernen Ofen ersetzt. «

[125] »War 1767 zerbrochen und durch einen solchen von venetianischem Glas ersetzt, der aus dem Poppelsdorfer Schloß dahin gebracht wurde. «

[126] »Später wurde ein kleiner Altar von vergoldetem Schnitzwerk, dessen Rücken von rothem Sammt mit goldnem Grund war, vor einem Wandteppich von rothem Damast mit goldnen Borten hier aufgestellt. «

[127] »Wurde später durch einen eisernen Ofen ersetzt. «

[128] »War 1767 zerbrochen und wurde durch einen von vergoldeter Bronce ersetzt, der in der Antichambre des gelben Apartements hing. «

[129] [Übersetzung des französischen Originaltextes in der „Liste d'une partie des horloges, provenant de la Succession de Son Altesse Serenissime Electorale de Cologne..." #3: Eine grosse Uhr auf einem Sockel, versilbert (4 Fuss, 3 Zoll), mit einem Schlagwerk von fünf verschiedenen Melodien. Die Uhr zeigt die Monate und Tage an, in der Mitte ein Portrait des

Stücke spielte. Auf einem silbernem Fuße war das Meisterwerk aufgebaut und zeigte in der Mitte das Porträt Clemens Augusts. Zu seiner Seite stand Saturn, welcher in einem seltsamen Anachronismus eine Taschenuhr in der <66> Hand hielt.

> Welche Taschenuhr, so sagt das Verkaufsprotokoll, niemahlen durch menschliche Hand aufgezogen, sondern durch das Hauptwerk getrieben wird; zur anderen seiten aber abgemahlt die Milde {Clementia, eine damals beliebte Anspielung auf den Namen Clemens Augusts}, hinter dieser ein Kind kniend, so den Churhut auf einem Küssen höchstbesagter Sr. Churfürstl. Dchl. praesentiret; hinter dem Churfürstlichen Porträt der glaub, hofnung, lieb und gerechtigkeit; oben dem Portrait an einer seiten die Fama, und an ander seiten einen mit blasender posaunen und lorber-Crantz in der Hand habend Vivat Clement August schreibend, und den glaubens-articul repräsentirende Figuren, dan auch den Tag, monath und die Zeit des Tags vorstellend, welche obige stücke außer obhöchstbesagtem Portrait, sich alle viertel stund alternative vorzeigen.

Diese Uhr war zwar bei dem Verkauf von dem Hofjuden Baruch zu 365 Rthlr. angekauft worden, aber wie es scheint, im Auftrage des Kurfürsten, denn sie erscheint später wieder in dem Inventar.

In dem folgenden, nach dem Hofgarten gelegenen dreifenstrigen Gemach, dem **Audienzsaal** [32], war in der Mitte der Rückwand, den Fenstern gegenüber ein Thron aufgerichtet. Darüber schwebte ein Baldachin von grünem Damast mit goldnen Stickereien, Borten und Fransen[130]. Die Wand daneben war mit zwei weiteren Gobelins mit Darstellungen aus den Feldzügen Max Emanuels bekleidet. Zwei andere zierten die Seitenwände rechts und links. Der große Kaminofen war wieder von Poppelsdorfer Fayence, wie denn auch der Teppich[131] „von hiesiger {d. h. Poppelsdorfer} Savonneriearbeit" war. Man sieht, der Kurfürst war bestrebt gewesen, seine Bedürfnisse im eigenen Lande zu decken. Zwischen den grünen Taffetvorhängen der drei Fenster waren in schon bekannter Manier zwei Spiegel mit je zwei Wandleuchtern über zwei kleinen Tischen von Composition angebracht. Auf der Platte eines weiteren großen Tisches*, die eben falls von Composition war, sah man allerhand Landkarten und Zeichnungen, die wie Kupferstiche aussahen, mit minutiöser Feinheit <67> gemalt. Ein großer Kronleuchter von venetianischem Glas erleuchtete Abends das Zimmer; demselben Zwecke dienten zwei große, silberne Armleuchter*, die auf hohen weißen Ständern mit goldnen Ornamenten standen.

Außerdem waren in diesen drei Zimmern noch sechs silberne Wandleuchter*, sowie sechs kleinere von Silberfiligran mit kleinen Spiegeln in der Mitte* an den Wänden vertheilt. Auch hier war wieder eine kunstvolle Schlaguhr mit Glockenspiel auf der Marmorplatte einer kleinen Kommode aufgestellt, die durch einen Kasten von Perlmutter mit vergoldeter Broncemontirung und Porzellanblumen vor Staub geschützt wurde. Näheres über diese Uhr sagt das

---

Clemens August; auf der einen Seite Saturn und die Jahreszeiten, der eine kleine Uhr in der Hand hält, die sich durch die Feder der grossen Uhr aufzieht; auf der anderen Seite die Barmherzigkeit, hinter der ein Kind auf Knien dem Portrait den Kurfürstenhut darbietet; hinter dem Portrait sieht man die Hoffnung, die Liebe und die Gerechtigkeit; unter dem Portrait den Ruhm, eine Trompete in der Hand, mit anderen Figuren, die einen Lorbeerkranz halten; alle Figuren – ausser dem Portrait – erscheinen und verschwinden abwechselnd alle Viertelstunden. In: (Flörken, Aus dem Nachlass des Kurfürsten Clemens August. Gemälde, Diamanten, Porzellan & Uhren 2022)].

[130] »Vielleicht ist dies der Thron aus der großen *Enfilade*; 1767 war er auf die *Garde des Meubles*, {das Möbelmagazin} geschafft. «

[131] »Wurde später durch einen persischen Teppich ersetzt. «

Inventar leider nicht. Vielleicht war es eine von den beiden großen Tischuhren, von denen die Verkaufsprotokolle sprechen, die mit je einem Glockenspiel von sechs Stücken versehen waren und von denen die eine die Parforcejagd darstellte „mit Hirsch, Hund, Pferd und sonstige dazu gehörigen persohnen, so von dem uhr-werck sehr kunstreich getrieben werden mit silberner platten ausgezieret", während die andere die Reiherbeize vorstellte „mit reyeren, Pferd, und sonstigen darzu gehörigen Persohnen darauf", beide wiederum Werke von Knaust[132] in Darmstadt. Zwei andere von den 1764 zur Auktion gekommenen Uhren können hier wohl weniger in Betracht kommen; sie waren nach dem Verkaufsprotokoll

> mit sehr kunstreicher von messin verguldeter arbeit gezieret, sambt einem drey fueß und drey Zoll hohen, einen zur schlagglock der uhr dienenden parasol oben dem Kopf mit einer Hand haltenden Mohren und mit der änderten Hand ein pfeif am mund haltend, mit welcher pfeif die stund und viertelstund schlagt, und den Kopf rechts und links wendet, von messin verguldeter, ausnehmend kostbarer Arbeit und mit verschiedenen Steinen reich besetzt, die hirschjagdt Vorstellend sambt einem großen und hohen *pied d'estal* acht und einen halben fueß hoch und drey fueß sieben Zoll breit, vom Knaust in Darmstadt gemacht. Die anderte uhr sambt einer drey fueß drey Zoll hoher von messin verguldeter arbeit künstlich verfertigter und mit verschiedenen schönen steinen reich ausgezierter mohrin, in einer Hand ein zur schlagglock der uhr dienende paresol oben dem Kopf haltend und auf der änderten Hand einen Pappel {Papagei} habend, auch beim schlagen den Kopf wendend, sambt einem natürlichen Canarie Vogel, welcher Pappel gantz und halbe stunden <68> schlaget und der Canarie Vogel singet, sambt einem großen und hohen *pied d'estal* acht und einen halben fueß hoch und drey fueß sieben Zoll breit, von Knaust in Darmstatt.

Diese Uhren scheinen mir etwas zu groß zu sein, um an dieser Stelle gestanden zu haben; sie werden wohl in Poppelsdorf oder Brühl gewesen sein. Die Einrichtung des Audienzsaales war übrigens beim Tode Clemens Augusts noch nicht vollendet[133].

Wir schreiten weiter zum **Schlafzimmer** [33] dieses Apartements, dessen Wände mit grünem goldgestickten Damast bespannt waren. Das große Bett mit seiner Decke war von weißem Atlas mit bunten Stickereien; der Fußkranz dagegen von grünem Damast. Der Toilettetisch war mit grünem Taffet überzogen; darüber war eine große Decke von grünem Moire mit Goldspitzen gebreitet. Von grünem Taffet mit Goldborten waren auch wieder die Vorhänge an den beiden Fenstern, zwischen denen wieder ein Spiegel angebracht war. Ein weiterer Spiegel war über dem Kamin, ein dritter auf der Wand gegenüber – an allen dreien vergoldete Bronce-Wandleuchter.

Zwei Kommoden und zwei Eckschränkchen, weiter ein Schreibpult, alle mit Marmorplatten und vergoldeter Broncemontirung, sowie zwei Sessel von grünem Damast bildeten das Mobiliar. An der Wand hingen Gemälde; die Muttergottes vom guten Rath[134] in Goldrahmen

---

[132] Die mit dem Reiher – auch von Knaust/Knauß – ist die # 5, verkauft für 400 Rthlr. an Wirklicher Hofkammerrat Johann Baptist Broggia; die mit der Hetzjagd ist die # 4, verkauft für 400 Rthlr. an Broggia (Flörken, Aus dem Nachlass des Kurfürsten Clemens August. Gemälde, Diamanten, Porzellan & Uhren 2022).
[133] »Sie war 1767 durch ein Sopha und acht Sessel aus dem Telemaquezimmer ergänzt worden. Das Sopha kam wohl in die Mitte der Rückwand an die Stelle des weggeschafften Thrones. «
[134] »Wurde dem Kammerdiener Dahm geschenkt. «

mit silbernen Zierrathen und ein kleineres, der Erzengel Michael; dann noch ein Weihwasserkessel von vergoldeter Bronce. Vier „stück porcellaine von newer poppelsdorfer fabrique"[135], ein schlafendes Kind aus weißem Marmor und drei meißener Vasen* standen vor den Spiegeln ausgestellt[136]. <69>

Hinter dem Schlafzimmer lag das **Kabinet** [34], das eigentliche Wohnzimmer dieses Apartements. Die Bespannung der Wände bestand hier aus grün und weißem Damast. Ihr entsprachen die Vorhänge der beiden Fenster, die von grünem Taffet waren. Dazwischen auf dem Fensterpfeiler ein prächtiger Venetianischer Spiegel, dessen Rahmen kunstvoll aus grünem Glas hergestellt war. An seinen Seiten wieder zwei emaillirte Armleuchter mit Porzellanblumen. Ebenfalls aus Email mit Porzellanblumen war der Kronleuchter[137]. Vor dem Kamin, auf dessen Sims eine hübsche Gruppe aus weißem Marmor, ein Kind mit einem Bock stand, ein gemalter Feuerschirm; über ihm ein Spiegel; ein anderer Spiegel auf der Wand gegenüber. Auf dem großen Schreibtisch stand eine Schlaguhr und ein prächtiges Schreibzeug von vergoldeter Bronce; davor ein Schreibsessel von Rohr, mit Bronce montirt und mit Polstern von weiß und grünem Damast.

Vier weitere Sessel zeigten gleiche Ausstattung mit Ausnahme der Montirung. Von zwei Kommoden, die wie die beiden Eckschränkchen, mit Marmorplatten versehen und mit Bronce montirt waren, ist die Farbe nicht angegeben. Vielleicht waren sie grün lackirt. Jedenfalls war ein Tischchen mit Musikalienpult in dieser Weise dekorirt, während die Rahmen von sechs kleinen Leuchterspiegeln entsprechend dem großen Venetianischen Spiegel aus grünem Glas waren. Endlich sah man an den Wänden noch ein paar Mosaiken* in vergoldeten Broncerahmen, Vögel darstellend[138]. <70>

Der letzte Raum des Apartements, das sog. **hintere Kabinet** [35], ist das Eckzimmer an dem heutigen Durchgang nach der Stockenstraße, mit dem Erker, der von zwei Kariatyden getragen wird. Dieser Raum war zum Theezimmer bestimmt. Seine Ausstattung fiel insofern aus dem Grundton der übrigen Zimmer, als das Grün bei ihm nicht so zum Ausdruck kam. Hier bestand die Wandbekleidung aus geblümter italienischer Seide[139] und die Vorhänge an den drei Fenstern waren von weißem Taffet. Ein runder Sessel war dagegen wieder mit grünem Damast[140] überzogen. Das tonangebende Möbel, um mich so auszudrücken, war ein Theetisch von weißer Fayence mit weißem Fuß. Darauf war eine Theemaschine mit Gluthpfanne und Theedose von Augsburger Silber * ausgestellt. Dabei stand eine andere Service aus Meißener Porzellan: Thee- und Milchkanne, Zuckerdose, Theeflasche, Wasserkessel und sechs Tassen.

Außerdem waren noch zwei Eckschränkchen mit Marmorplatten, ein schwarz-lackirte Kommode {wohl *à la chinoise* mit goldenen Figuren} mit schwarzer Marmorplatte und ein kleiner Schreibtisch, Alles mit Bronce montirt, in dem kleinen Raume, der von einer römischen

---

[135] »Sie zerbrachen später. Da das Inventar zwischen Porzellan und Fayence immer genau unterscheidet, scheint es, daß in Poppelsdorf auch wirklich die Porzellanerzeugung zu Stande gekommen ist. «

[136] »Bis 1767 kamen hinzu: zwei Vasen von Rocaille, ein Zweig rother Korallen {kamen alle drei später aufs Naturalienkabinet} und zwei Schirmleuchter mit Figuren von sächsischem Porzellan. «

[137] »Wurde später gegen einen ähnlichen mit Figuren aus meißener Porzellan umgetauscht. «

[138] »Später wurde dies Zimmer zum Schlafzimmer eingerichtet und ein Stollenbett von weiß und grün gestreiftem Atlas mit der dazu gehörigen Bettdecke und Fußkranz von Schloß Herzogsfreude [in Röttgen] hierhin gebracht. Weiter wurden zwei Portieren von grünem Damast mit goldnen Gallonen aus dem kleinen Schlafzimmer des *Buen retiro* hier aufgehangen. Als Wandschmuck kamen zwei römische *Arazzi* aus der Alten Gallerie, drei Mosaiken aus dem Hinteren Kabinet, das Portrait der Gräfin von Taxis geb. von Zerothin, weiter 19 antike Broncefiguren, die später auf den Akademiesaal kamen, eine Porzellangruppe von Tournayer Biscuit und eine große Schlaguhr mit Kasten hierhin. «

[139] »1776 war sie ganz verschossen und wurde durch indischen Pequin ersetzt. «

[140] »Wurde ebenfalls mit Pequin überzogen. «

Ampel* erhellt wurde, die, wie ihr Zubehör: Schirm, Putzscheere, Stocher, Lichtschraube und Lichtgabel, von Silber war. Das etwas spärliche Licht wurde erforderlichen Falls durch eine achteckige <71> Laterne mit Blumen aus Bronce und Porzellan verstärkt. Den Kaminofen[141] hatte wieder die Fabrik aus Poppelsdorf geliefert[142].

Die Große Gallerie mit ihren Nebenräumen.

Hiermit wäre das Neue Quartier durchwandert und wir treten nunmehr aus dem Hinteren Cabinet in die **Große Gallerie** [36]. Diese, ein gewaltiger langgedehnter Raum von 23 Fenstern Länge, war fast dreimal so groß wie die alte Gallerie und beinahe so lang wie die große *Enfilade*, die Thurmsäle abgerechnet. Sie verdankte ihre Entstehung nicht einem Bedürfnisse der Hofhaltung, sondern dem Bestreben, durch eine colossale Längenausdehnung des Schlosses zu imponiren. Und da ein Palast um so vornehmer galt, je weiter seine Flügel sich dehnten, so zerrte man sie durch weitgestreckte Gallerien absichtlich in ungeheure Längen[143]. Wenn andere Schlösser, wie Charlottenburg {500 Meter} oder Nymphenburg {an 600 M.}, auch Bonn {375 M.} in der Längenausdehnung übertreffen, so hatten die Gallerien bei ihnen zum Theil nur ein Parterre, während in Bonn ein zweigeschossiger Bau sich in der ganzen Länge erstreckte. Die innere Ausstattung dieser Anbauten war begreiflicherweise eine einfachere. So war die Große Gallerie hier in Bonn nur mit einfachen *Stuccos* dekorirt, da sie nur als eine Art von Flur dienen sollte. Zu ihrer <72> Beleuchtung waren auch nur sechs Laternen angebracht, während ebenso viele eiserne Oefen für die Beheizung sorgten.

Der große Saal dahinter, der **Akademiesaal** [37], ebenfalls ein colossaler Raum von 12 Fenstern Front, der bis zum Coblenzer Thor reichte, diente als Spielzimmer. Hier standen drei Bancotische bereit, sowie siebzehn Spieltische, die mit grünem Tuch überzogen waren. Für Licht war reichlich gesorgt. Nicht weniger als acht große Kronleuchter, zwischen denen noch vier kleinere angebracht waren, erhellten Abends den Saal. Zwei große Kaminöfen „von Bönnischem {Poppelsdorfer} faience" und vier eiserne Oefen erfüllten ihn mit angenehmer Wärme. Die Ausstattung war sonst eine einfachere, da die Wände nur mit Tapeten {mit englischem Papier, sagt das Inventar} bekleidet waren. Doch fanden sich auch hier zwei große Spiegel mit nebengehenden „parallelen Thüren mit verspiegelten Scheiben", unter denen vier Kommoden[144] standen, wie denn auch noch acht kleine Spiegel an den Wänden vertheilt waren. Diese Ausstattung war indeß nur eine provisorische. Am definitiven Ausbau sowohl des Akademiesaales als auch der Großen Gallerie wurde Clemens August durch den Tod gehindert.

Ebenso war die Einrichtung des großen **St. Michaels- oder Lotteriesaales** [38] über dem Coblenzer Thore 1761 noch nicht in Angriff genommen. Nach dem raschen Tode des Fürsten, der ihn so jäh am 6. Februar 1761 auf der Reise in Ehrenbreitstein ereilte, wurde seine Leiche hier ausgestellt. Von kurtrierischen Hofchargen und Militär begleitet war sie am 8. Febr. an der *Vinea Domini* gelandet. Hier wurde sie vom Hofe und der Bürgerschaft in Empfang

---

[141] »War ebenfalls schon 1767 durch einen eisernen Ofen ersetzt worden. «

[142] »Bis 1767 waren hinzugekommen: drei Mosaikbilder aus Poppelsdorf, die Muttergottes, St. Petrus und St. Paulus vorstellend, die später auf das vordere Cabinet kamen [...]. dann ein mit Kupfer montirter Schreibtisch sammt zwei Papierbehältern von vergoldeter Bronce {der Schreibtisch kam später ins Naturalienkabinet}, ein Lehnsessel von rothem Saffian mit Tabourette {kam ins Schlafzimmer} und eine Drehbank mit ihrem Zubehör von Kupfer {kam ins Magazin}. In der Folge kam noch weiter hinzu ein Schreibkasten, ein Schrank und ein Teppich. «

[143] »Dohme. S. 379. «

[144] »Zwei von ihnen kamen ins Quartier des Herrn v. Wrede, die dritte in die alte Münze, die vierte in die Alte Gallerie, wo sie 1777 im Schloßbrande unterging. «

genommen; Hatschiere und Trabanten nahmen die Bahre auf ihre Schultern, und laut, betend brachte der traurige Zug sie durch den Hofgarten ins Schloß in die St. Petrus-Kapelle. Rasch richtete man den St. Michaelssaal zum Trauersaale ein. Schwarze Stoffe verhüllten die Wände; auf dem *Castrum doloris*, einem großen Katafalk, an dem <73> eine Menge silberner Armleuchter angebracht waren, die man den Zimmern des Neuen Quartiers, der Alten Gallerie und anderen Räumen des Schlosses entnommen, ruhte der Leichnam des Fürsten in der Kleidung eines Großmeisters des Deutschen Ordens, und die Bonner drängten sich in Schaaren herein, um noch einen letzten Blick auf die Züge des todten Landesherrn zu werfen. Fünf Tage blieb er hier ausgestellt; dann wurde er in eine zinnerne Lade gelegt und wieder in die St. Petrus-Kapelle überführt, bis er am 31. März mit der Fliegenden Brücke nach Köln gebracht wurde, wo er im Dom seine letzte Ruhestätte fand.

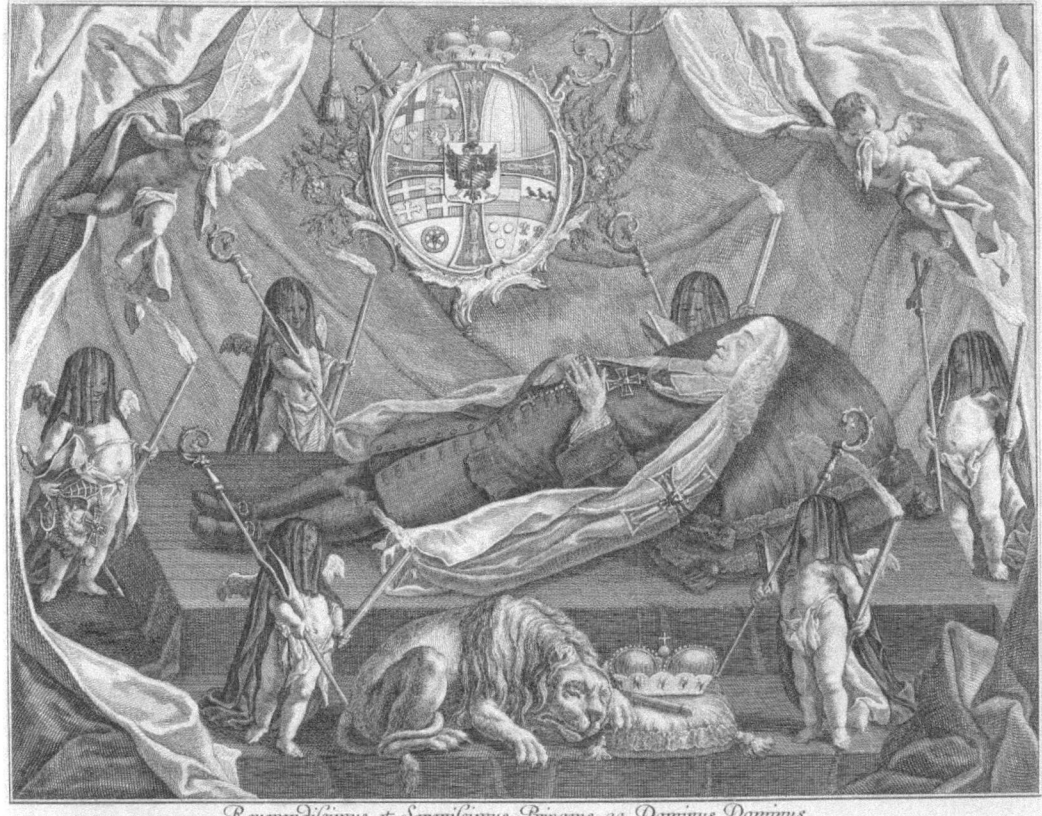

Abb. 18: Clemens August auf dem Totenbett, von Klauber 1761

Reverendissimus et Serenissimus Princeps ac Dominus Dominus Clemens Augustus D[ei] G[ratia] Archi Episopus Coloniensis, Sanctae sedis Apostolicus Legatus natus, S[acri] I[mperii] R[omani] per Italiam Archi Cancellarius et princeps Elector [...] [Chronogramm:] EhrenbreItsteIn In VaLLe SeXta Febr. pIe obIIt nVnC VIVIt In VIrtVtIbVs et Deo sVo seMper [=1761]xxi

Das Sommer-Apartement

In dem Parterre des Schlosses hatte der Kurfürst nur einige Räume der südlichen Hälfte der Hofgartenfront für sich reservirt, das sog. Sommer-Apartement. Es sollte, wie schon sein Name andeutete, eine Art von Garten-Apartement sein, welches der Kurfürst in der guten Jahreszeit benutzte, wenn er sich mehr in dem Schloßgarten aufhielt. Um dann nicht genöthigt zu sein, immer die mühselige Treppe zu steigen, verlegte er einfach seine ganze Wohnung in das untere Geschoß des Schlosses.

Hier finden wir wieder die Anlage, die die Zeit von einem herrschaftlichen Apartement forderte. Zunächst wieder zwei Vorzimmer; der Wandschmuck des ersten bestand aus *Stuccos*. An Mobiliar enthielt es nur 24 Lederstühle[145] und sechs Metzer Strohstühle. Die Wände des zweiten, welches schon reicher ausgestattet war, waren mit Furie, einem Stoffe, überspannt. Daß über dem Kamin ein Spiegel und ihm gegenüber ein gleicher über einem Marmortisch angebracht war, ist eine Ausstattung, die wir in schon <74> vielen Räumen gefunden haben. Ebenso, daß an den Enden aller drei Innenwände Thüren mit Surporten darüber angebracht waren. Außerdem dienten zum Wandschmuck dieses Gemaches noch zwei sogen. römische Tapeten[146], die in vergoldeten Rahmen unter Glas angebracht waren. Für Beleuchtung war nur spärlich gesorgt, da das Zimmer nur vier einzelne Armleuchter enthielt. Endlich stand ein Rennertisch da, der ein Bett für den Lakaien enthielt.

Den Eingang in den Garten bildete der große Saal, der das ganze Erdgeschoß des Südthurms einnahm und der sich in drei großen Thoren nach dem Garten öffnete. Das Grottenzimmer wurde er genannt. Acht, in zwei Reihen geordnete leichte Säulen stützten seine Gewölbe. Ueber den sechs Thüren, die an den Enden der langen Wände angebracht waren, finden wir wieder Surporten. Zwei große und acht kleine vergoldete Konsolen trugen mancherlei Schaustücke. Zwei Marmortische und dreißig rothe Lederstühle standen an den Wänden. Eine Schlaguhr mit kupfernen Ornamenten war auf einem hübschen Fußgestell aufgestellt. Zwei Kronleuchter erhellten den Raum. Seinen Namen hatte er von einem kunstreichen Grottenwerk in der Mitte der Wand, in dem ein Springbrunnen plätscherte, der im Sommer den Raum mit angenehmer Kühle erfüllte.

War der Grottensaal eigentlich eine Vorhalle, die ins Freie führte und dementsprechend einfacher ausgestattet, dann waren drei andere Räume, östlich von demselben, die eigentlichen Salons des Apartements. Der erste war das Miniaturzimmer, so genannt, weil es die Bildergallerie des Schlosses bildete, die 82 Nummern zählte. Die Zusammensetzung derselben war die, die sich überall in den Gemäldesammlungen des vorigen Jahrhunderts findet. Sie <75> enthielt indessen nicht nur eigentliche Miniaturgemälde, sondern wir finden auch Holzschnitte darunter, so „sechsszehn stuck vom alten Düren. Das Leiden Christi vorstellend", also die Passion von Albrecht Dürer; weiter ein Mosaikbild, die Verkündigung Mariä. Die überaus mageren Angaben des Inventars über diese Bildergallerie, die nur die Sujets nicht aber die Namen der Maler mittheilen, machen es leider unmöglich, sich eine genauere Vorstellung von derselben zu machen. Der übrige Schmuck des Gemachs war nach dem bekannten Schema: an beiden Enden der drei Innenwände Thüren mit Surporten; in der Mitte der beiden Seitenwände je ein Spiegel, der eine über dem Kamm, der andere ihm gegenüber über einem Marmortisch mit weiß lackirtem und halb vergoldetem Fuß; auf dem Kaminsims ein Francmacon und ein paar durchbrochene Körbchen von meißener Porzellan; zwei andere nicht durchbrochene sowie

---

[145] »Wurden 1761 in den Belderbuscher Hof geschickt. «
[146] »Arazzi, welche Apostelköpfe darstellten. Sie waren 1767 in die Alte Gallerie, später ins Schlafzimmer des Kurfürsten im Neuen Quartier gebracht worden. «

zwei mit Figuren auf den beiden Tischen; dort stand wohl auch ein Glas*, auf welchem Schloß Poppelsdorf gemalt war. Fügen wir noch hinzu, daß die Vorhänge* an den beiden Fenstern von grünem Taffet waren und ein Kronleuchter* von der Decke hing, sowie daß vier Armsessel und zwölf kleine Sessel mit weißen Taffetpolstern für Ermüdete bereit standen, so hätten wir das Mobiliar vollständig.

Es folgte das Schlafzimmer, ebenfalls ein zweifenstriger Raum, dessen Wände mit Furie* bespannt waren. Das Himmelbett* und die Bettdecke* waren von weißem Atlas mit indischer Stickerei; mit gleich gesticktem Stoffe waren zwei Armsessel* überzogen; Portieren von Pequin hingen an den beiden Thüren, ebensolche Vorhänge[147] an den Fenstern. Zwei Spiegel in der gleichen Anordnung wie im Miniaturzimmer, nur daß dem Kamin gegenüber kein Tisch, <76> sondern eine mit Kupfer montirte Kommode stand. Dann war noch ein Sekretär mit gleicher Montirung da[148]. An den Wänden hingen ein Paar Bilder: ein Porträt Clemens Augusts in chinesischer Tusche*, eine Federzeichnung* Holbein darstellend, ein kleines Gemälde, Jacob de Hieronymo* und ein Plan der Schlacht bei Hastenbecke*. Ein kleines Liebfrauenbild, von Kurfürst Max I. von Bayern herstammend, hing in dem Betthimmel.

Das hervorragendste Zimmer dieses Apartements, zugleich einer der wenigen Räume im Schloß, die ihre alte Stuckdecke in ursprünglicher Bemalung sich noch einigermaßen bewahrt haben, war das nun folgende, nach seiner sehr fein empfundenen Gesammtstimmung in Grün und Gold benannte **Grüne oder Chinesische Cabinet**. Hier waren die Wände mit grüner Lackmalerei[149] geziert, die geschnitzten Rahmen der einzelnen Panele reich vergoldet. Ueber die scharf begrenzten Felder der gewölbten Decke rankten sich zierliche Regencemotive von hervorragender Grazie in der Zeichnung und Exaktheit in der Ausführung. Der emaillirte Kronleuchter*, der von der Decke herabhing und die Armleuchter* an den Spiegeln paßten mit ihren Porzellanblumen ausgezeichnet zu den zahlreichen Porzellansachen, welche den Hauptschmuck des Gemaches bildeten. So sah man auf den weißen Marmorplatten von zwei Wandtischen mit ihren zierlich geschnittenen, reich vergoldeten Füßen, die vor zwei großen Spiegeln standen, Pendulen und Leuchter aus diesem Stoff. Die eine Uhr* wird als ein Grottenwerk aus altem Porzellan bezeichnet; aus demselben Material waren die zwei kleinen Girandolen* an ihrer Seite. Die andere Uhr[150] ruhte auf einem porzellanenen Hunde mit Broncemontirung, während die Leuchter* auf Leoparden aus demselben Stoffe sich erhoben.

Dann standen da zwei „Handwaschfässer" von altem Porzellan mit Bronce garnirt auf vergoldeten Füßen mit <77> Muscheln von weißem Marmor*, zwei kürbisartige Flaschen*, ebenfalls aus altem Porzellan auf vergoldeten Füßen und Platten von weißem Marmor, allem Anschein nach ganz hervorragende und große Stücke. Weiter waren zwei große und zwei kleine „Königshasen" von weißem Porzellan, eine kleine Uhr mit Rocaille, vierzehn achteckige Schüsseln, ein Potpourri mit Blumen, zwei Hahnen, zwei Hühner und vier Karpfen, Alles von altem Porzellan, zwei Potpourris von indischem Stein mit Broncemontirung und zwei weitere von weißem Porzellan mit farbigen Deckeln da aufgestellt. Vier Banquets und zwölf Tabourets[151] standen an den Wänden.

Das letzte Zimmer des Apartements, die **Retirade**, war wieder gelb dekorirt. Es stammte auch noch, wie der größte Theil der Ausstattung des Schloßparterres überhaupt, aus der Zeit

---

[147] »Portieren und Vorhänge wurden 1763 gestohlen. «

[148] »Wurde vor 1767 mit der vorgenannten Kommode der Gräfin v. Taxis nach Köln in die Propstei von St. Gereon geschickt.«

[149] »Es wird deßhalb auch mehrfach das Lackirte Cabinet genannt. «

[150] »Bekam Domherr v. Quentel. «

[151] »Renard, 99, 191; 100, 46. «

von Joseph Clemens. Die Wände waren mit gelbem Pequin* bespannt, die Gardinen der beiden Fenster* von gelbem Taffetas, das Sopha mit gelbem indischem Damast überzogen. Wenn man den hübsch eingelegten Sekretär öffnete, sah man darin einen Spiegel. Weiter stand nur noch ein Fayencekästchen* da, welches zur Aufnahme einer Taschenuhr diente.

Die Dienstwohnungen.

Hiermit wäre unsere Wanderung durch die kurfürstlichen Gemächer beendigt. Werfen wir im Vorbeigehen noch einen Blick in die Räume, die dem Obristhofmeister und dem Domdechanten angewiesen waren[152]. Ersterem standen außer dem Bedientenzimmer fünf <78> Räume zur Verfügung. Die Wände in seiner Antichambre waren mit Plüsch bekleidet. Von demselben Stoffe waren Fenstervorhänge und Tischdecke; ebenso waren die sechs Stühle mit gestreiftem Plüsch überzogen. Auch die Wände seines Schlafzimmers waren mit rothem Plüsch bezogen; die Vorhänge des Himmelbettes von rothem *Gros de Tours*. Ueber dem Kamin war ein Spiegel eingelassen mit einem Porträt Joseph Clemens' darüber. Das Nachttischchen war eingelegt; die Commode mit Kupfer montirt. Der Sekretär zeigte dagegen nur eingebrannte Figuren. Die beiden weiteren Kabinette, sowie das letzte Zimmer, welches für seinen Sekretär bestimmt war, waren indeß nur sehr einfach möblirt.

Auch das Schlafzimmer des Domdechanten zeigte die Wände mit rothem Plüsch bekleidet; das Bett war von rothem Damast. Fenstervorhänge und Portieren waren dagegen hier von gelbgeblümtem *Gros de Tours*.

Das Theater.

Gedenken wir dann noch kurz des Theaters, welches zu ebener Erde in dem Gebäude zwischen der Großen Gallerie und dem Michaelsthor unter dem Akademiesaal sich befand, das heute zur Bibliothek gehört. Es ist der einzige Raum des Schlosses, aus dem eine Ansicht uns erhalten geblieben ist. Von einem Maskenfeste, welches Clemens August dort gab, existiren nämlich zwei große Ansichten. Die eine, auf der man aus dem Zuschauerraum auf die Bühne sieht, wird im Brühler Schlosse aufbewahrt; die andere mit dem Blick von der Bühne in den Zuschauerraum[153] ist im Besitze von Professor Saedt in München. Auf letzterer sieht man deutlich, daß die Ausstattung des Raumes in einem satten Blaugrün gehalten war, mit goldenen Ornamenten in den bekannten Rokokomotiven. Das Parterre war etwa anderthalb Meter tief in den Boden eingelassen, während die Bühne auf dem Niveau der übrigen Räume des Schloßparterres lag. Um das Parterre zog sich in der Höhe der Bühne ein breiter Umgang, der <79> die Stelle der Logen einnahm. Ein hoher Aufbau in der Mitte der Rückwand der Bühne gegenüber enthielt die Loge des Kurfürsten. Eine Menge von Kristallkronleuchtern und Girandolen erhellte den Saal.

> Ehedem ließ sich das Parterre, so erzählt 1784 ein Reisender[154], dem Theater gleich hoch heraufwinden, weil die Redouten darin gegeben wurden, welch letztere nun in anderen Sälen des Schlosses gehalten werden.

---

[152] »Man darf vielleicht annehmen, daß diese Räume in der östlichen Hälfte des Erdgeschosses der Hofgartenfront, also unter den Zimmern der großen *Enfilade* vom Kurfürsten- bis zum Bayerischen Zimmer lagen. «

[153] Siehe Abb. 34.

[154] »Mahlerische Reise am Niederrhein, Köln und Nürnberg 1784. S. 26. «

Dieses vertiefte Parterre fand nicht überall Beifall. Lang meint 1790, es sei „unterirdisch wie eine Gruft angebracht" und habe einen schlechten Eingang. Auch seine übrige Einrichtung gefiel ihm nicht.

> Logen, Dekorationen und überhaupt alles, was in einem Schauspielhause glänzen soll, ist für den Hof eines solchen erhabenen Fürsten, als Max Franz ist, zu schlecht, zu buntschäckigt, zu kleinlicht[155]. Der Entreebetrag wird zu Kleidungen und den übrigen Nothwendigkeiten verwendet, die sich täglich verbessern. Die Beleuchtung ist noch sehr mangelhaft, die Musik aber gut. Das Theater wird stark besuchet, nicht allemal des Stückes wegen, sondern um von Loge zu Loge mit den Augen zu duodramatisiren.[156]

Man darf Lang's scharfe Kritik der Ausstattung des Theaters nicht zu ernst nehmen. Der Geschmack hatte sich eben geändert. Der nüchterne Directoirstil war aufgekommen, und da schien die heitere Farbenpracht des Rokoko „buntschäckigt", seine ausgelassene Formengebung <80> „kleinlicht". Bezüglich der Aufführungen sagt 1784 der schon oben angeführte Reisende:

> Deutsches Schauspiel hatte man auch bey den vorigen Regierungen in Bonn noch nicht gehabt, außer was die beyden letztverstorbenen Clemens durch ihre Musikanten und Hofbediente von Zeit zu Zeit geben ließen. Unter der letzten Regierung hat man vieles auf Franzosen und Italiener verwandt. Selbst noch unter diesem Herrn sind Gesellschaften aus jenen Nationen gewesen. Aber nun ist seit verschiedenen Jahren alles deutsch.[157]

[...]

Der Rest des Erdgeschosses.

Besprechen wir noch kurz die übrigen Räume des Parterres des Schlosses. Im Neuen Quartier diente 1784, als der Kurfürst daselbst wohnte, das Erdgeschoß als Küche[158]. Man darf annehmen, daß, als Clemens August den *Buen retiro* bewohnte, das dortige Parterre zu den nämlichen Zwecken verwendet wurde.

Im Corps de Logis waren im Thurme an der Bischofsgasse die Kanzlei und Registratur des Hofraths, daran anstoßend der Sitzungssaal des Hofraths und das Archiv untergebracht. In dem Thurme gegenüber, am Hofgarten, die Geheime Kanzlei und einige Räume, in denen, wie schon bemerkt, das silberne Tafelgeschirr verwahrt wurde. Im alten Ferdinandeischen Bau, der heutigen Westdeutschen Bank gegenüber, befand sich die Hofkammer mit Kanzlei, Registratur und Rentkammer[159] sowie das Dikasterialgericht[160]. <81>

---

[155] »Reise auf dem Rhein 11. Coblenz, 1790 S. 174. Der Eingang war vom Koblenzer Thor her. «

[156] »Ebenda S. 207. «

[157] »Mahlerische Reise S. 26. «

[158] »„Untenher kommen die sogenannten Officien, als Kuchen, Zehrgadden, Konditorie u. dergl. vor." {Ebenda S. 27.} «

[159] »Annalen des hist. Ver. f. d. Niederrhein, 43 S. 110. «

[160] »„Die Dikasterien halten sich bei Hofe; – eine Kette sperret die Straße während den Sizzungen. – Eine auffallende Vorsicht! – und doch mußt' ich während meines Aufenthaltes sehen, daß ein Schmiedsgeselle ohngeachtet der Sperrung ein Wagenrad unter der Kette, mit einer Miene, welche den Ausdruck zeigte: Du sollst und mußt hindurch, dahinrollte," erzählt Lang 1790 {Reise auf dem Rhein, II. 197}. «

Der lang hingestrcckte Flügel, der sich nach dem Rheine hin bis zum Alten Zoll ausdehnt, enthielt in seinem Erdgeschoß unter der Großen Gallerie das Winterquartier der **Orangerie**; es folgte bis zum Koblenzer Thor unter dem Akademiesaal das schon besprochene Theater, während jenseits des Thores das Untergeschoß des Flügels am Alten Zoll zu Treibhäusern eingerichtet war[161]. <82>

Letzte Schicksale des Schloß-Mobilars.

Zum Schlusse noch einige Worte über die Schicksale der Schloßausstattung. Ein Theil davon gelangte, wie oben bemerkt, nach dem Tode Clemens Augusts zum Verkauf. Der neue Kurfürst schlug seinen Wohnsitz in dem sogenannten Neuen Quartier auf. Da die innere Einrichtung desselben noch nicht vollendet war, so wurde sie bei dem nun eingeführten Sparsystem mit Stücken aus den anderen Räumen des Schlosses, wie dem Alten Apartement, dem Telemaquezimmer, dem *Buen retiro*, sowie aus den Schlössern zu Poppelsdorf und Herzogsfreude in Röttgen vervollständigt[162]. Das Sommer-Apartement wurde aufgegeben; seine Porzellane theils verkauft, theils auf den *Buen retiro* geschafft, sein Mobiliar in andere Räume, wie in die Deutschmeistergallerie, die Antichambre des *Buen retiro* und ins Telemaque-Zimmer gebracht, und das Quartier selbst, nachdem die großen Versteigerungen der Hinterlassenschaft Clemens Augusts darin abgehalten worden, dem allmächtigen Staatsminister, Grafen Belderbusch als Ministerkanzlei eingeräumt. Dagegen richtete sich Max Friedrich einen neuen Speisesaal ein. Von der Großen Gallerie wurde ein an das hinterste Kabinet des Neuen Quartiers anstoßendes, fünf Fensteraxen langes Stück hierfür abgetheilt. Die Nischen den Fenstern gegenüber füllte man mit Spiegeln, welche aus 24 Scheiben von der Größe der Fensterscheiben zusammengesetzt waren. Die Ausstattung des Saales <83> war übrigens einfach. Grün und weiß geblümte Tapeten bekleideten die Wände; die Vorhänge an den Fenstern waren von Neuwieder Leinen; ein eiserner Ofen heizte das Gemach. Dagegen war reichlich für Licht gesorgt. Nicht nur hingen ein venetianischer und sieben eiserne Lüster von der Decke, sondern es waren auch noch vier Paar einfache Armleuchter aus saucirter Bronce, sechs venetianische Wandleuchter von Glas, acht weiße und vierzehn eiserne Wandleuchter vorhanden.

Dann kam die große Katastrophe von 1777, die das ganze *Corps de logis*, das Mittelgebäude des Schlosses, in Asche legte[163]. Der Wiederaufbau stellte das alte Gebäude nicht vollständig wieder her. Ein geschlossener, um einen Hof gruppirter Bau war nicht das Ideal der französischen Architekten des achtzehnten Jahrhunderts gewesen; es war ein italienischer Palazzo, den Zuccali[164] erbaut hatte und den de Cotte nur deßhalb beibehielt, weil schon zu viel davon fertiggestellt war, als er die Pläne überarbeitete.

Nachdem er nun in Asche gesunken, verzichtete Max Friedrich, der das Schloß in seiner heutigen Gestalt {abgesehen davon, daß die Thürme keine hohen Dächer und die Mitte einen flachen Giebel erhielt} wiederherstellte, um so leichter auf die Hochführung der stadtwärts gelegenen Flügel und ließ da nur das stehen gebliebene Erdgeschoß als Vorbau bestehen. So wurde nur der hofgartenwärts gelegene Theil wieder aufgebaut[165], in welchem dann die

---

[161] »Mahlerische Reise S. 24 und 26. «

[162] »Vergl. die Anmerkungen bei diesen Zimmern. «

[163] »„Der Schade ist wohl nicht im Gelde anzuschlagen," sagt 1784 der Verfasser der Mahlerischen Reise {S. 28}, aber leicht zu ermessen demjenigen, welcher die Zimmer vorhin gesehen hat und sich erinnert, wie reich an künstlichen Zierrathen aller Art und wie voll der kostbarsten Meubles dieselben gewesen sind. «

[164] Siehe Abb. 19 und Abb. 20.

[165] »Es war also nicht Mangel an Geldmitteln, der das Schloß in dieser neuen Gestalt erstehen ließ. Der Rohbau war, wie die Jahreszahl im Giebelfelde der Schloßkapelle und des entsprechenden Baues an der andern Seite zeigt, 1779 vollendet.

Zimmer der großen *Enfilade*, obwohl weit einfacher, so doch ziemlich so wiederhergestellt wurden, wie sie früher gewesen. Was von ihrem Mobiliar gerettet worden, fand darin wieder Aufstellung und wurde mit Stücken <84> hauptsächlich aus Poppelsdorf ergänzt. Die Front nach dem Hallenhof erhielt eine zierliche Decoration mit hübschen Pilastern. Die neue Schloß-kapelle entstand an der Stelle des ehemaligen Papstzimmers.

Allerdings verlor das Schloß bei dieser Umänderung seine monumentale Treppe. Die neue, die in der Ecke des Hallenhofes neben der Kapelle angebracht wurde, konnte in keiner Weise einen Vergleich mit der alten aushalten. Der Hauptaufgang war seitdem wohl der, der von dem Eingang in der Franziskanerstraße zum Neuen Quartier [...] und zugleich durch den Großen Speisesaal [...] in die große *Enfilade* führte. Dann war aber auch noch der alte Neben-aufgang bestehen geblieben, die große aber mangelhaft erhellte Doppelmarmortreppe zur Al-ten Gallerie [...], zugleich zum Saale des Südthurms und zum *Buen retiro*. Eine neue Treppe gedachte man in der Mitte der Schloßfront anzulegen[166]; sie kam aber nicht zur Ausführung und erst im letzten Jahrzehnt ist eine solche hier entstanden.

Weiter aber wandte Max Friedrich seine Aufmerksamkeit den nicht ausgebauten Schloßtheilen zu. Er hatte das Neue Quartier bezogen und den *Buen retiro* für Gäste bestimmt. Zuerst stellte er die an seine Wohnung anstoßende Große Gallerie fertig. Es ist diese Gallerie – ein mächtig langer Saal, den Max Friedrich vollendet hat – inzwischen kein Behälter seltener Gemälden von den ersten Meistern der Künste[167], wohl aber ein in geschmackvoller Pracht gebauter Saal, wo bey alle dem doch vortreffliche Gemälde u. dergl. nicht mangeln, und der bey außerordentlichen Gallas zur offenen Tafel dient, erzählt ein Reisender 1784[168]. Ebenso richtete er den Akademiesaal zum Theil mit Stücken ein, die er andern Räumen entnahm. Schon vor 1767 ließ er aus dem Gardensaal des *Buen retiro* im Südthurm vier große Kronleuchter, aus dem Speise- <85> saal im Ostthurm vier kleinere, dann noch einen großen aus der St. Josephs-kapelle[169] hierhin bringen. Weiter kamen vier kleine Marmortische, wovon zwei mit vergolde-ten, die zwei andern mit halbweißen Füßen, aus dem Nebenmagazin des Sommerapartements hierhin, sowie eine schwarz lackirte Komode und zwei große weiß angestrichene Schränke mit Glasthüren. Weitere Details können wir über seine Ausstattung nicht beibringen, aber 1784 wird er als ein „prächtiger" Saal gerühmt, der als Concertsaal diente[170]. Die Musik erfreute sich unter den beiden letzten Kurfürsten einer besonderen Pflege; ihre Kapelle war eine der besten in Deutschland, und hier war es also, wo auch der junge Beethoven seine ersten Lorbeeren pflückte. Die Concerte „pflegen hier, doch nicht alle Jahre, im Winter mit dem Schauspiel abzuwechseln," erzählt unser schon mehrfach angeführter Gewährsmann[171].

Aber nicht nur die Musik, auch die Wissenschaften fanden bei den beiden letzten Köl-ner Kurfürsten liebevolle Fürsorge. Max Friedrich hatte eine Akademie in Bonn gegründet, die sein Nachfolger, Max Franz, zur Universität ausbaute. War ihr Sitz auch in dem alten Jesui-tengymnasium in der Bonngasse, dann wurden doch auch im Schlosse Räumlichkeiten

---

Wie die 1780 vorgenommenen Dislokationen des Mobiliars zeigen, wurde in diesem Jahre die Neueinrichtung des Innern vorgenommen. «

[166] »„Bei diesem Eingang {in der Mitte der Hofgartenfront} soll dem neuen Plan gemäß die Haupt- und Prachtstiege angeleget werden." {Mahlerische Reise S. 28.} «

[167] »Soll heißen „keine Gemäldegallerie". «

[168] »Mahlerische Reise S. 27. «

[169] »Wurde wieder auf die St. Josephskapelle zurückgebracht und ging daselbst im Schloßbrand zu Grunde. «

[170] »Gleich nach dem Naturalienkabinet folget der prächtige, auch von Max Friedrich erbaute sogen. Akademiesaal. Aka-demie nennt man beym Hofe zu Bonn, was man gewöhnlich anderwärts Concert nennet. {Mahlerische Reise S. 26}. Daß er von Max Friedrich erbaut sei, ist unrichtig. Er wurde von ihm nur eingerichtet, wohl auch mit *Stuccos* versehen. «

[171] »Ebenda. «

wissenschaftlichen Zwecken dienstbar gemacht. In dem hinter dem Akademiesaal gelegenen St. Michaels- oder Lotteriesaal über dem Coblenzer Thore wurde 1779 ein Naturalienkabinet eingerichtet, welches auch zu physikalischen Experimenten benutzt wurde. Hier fanden sich verschiedene physikalische Instrumente, die Max Friedrich aus der Hinterlassenschaft <86> des Dr. Mann, eines Arztes in Köln, erworben hatte, – eine Electrisiermaschine, zwei parabolische Spiegel etc. Besonders bewundert wurde ein großer Brennspiegel von 4 Fuß 8 Zoll Durchmesser, den der kurfürstliche Kammerdiener Lefebvre, ein geschickter Kunstdrechsler, 1772 verfertigt hatte[172]. Wie es scheint, waren auch die Räume der zweiten Etage des Thores für das physikalische Kabinet verwendet; wenigstens spricht das Inventar an einer Stelle auch von den „oberen" Naturalienzimmern. Oben auf dem Thore hatte Max Friedrich ein Observatorium eingerichtet[173], und zu dem Zweck das Thürmchen auf dem Dache errichten lassen, welches ursprünglich sich nicht da befand.

In dem hinter dem Coblenzer Thor am Alten Zoll liegenden Schloßflügel über den Treibhäusern errichtete Max Friedrich eine Bibliothek, die kurz nach 1784 eröffnet wurde. Sie war nicht nur möglichst reichhaltig, sondern, ihre Ausstattung, die von einem Klosterbruder hergestellt wurde[174], war so prächtig, daß sie dem allerdings sehr kritisch angelegten Lang sogar allzu reich erschien. Sie ist, so erzählt er,

> mit allen Gemächlichkeiten für die Lesende eingerichtet, hat aber in der Struktur nur zu viel Vergoldung und enthält noch zudem eine Uhr von florentinischer Arbeit, die in das erste Seltenheitskabinet gehöret und da {nämlich in der Bibliothek} übel angebracht stehet. Der Zutritt ist frei und wird von den Bönner Minervenssöhnen fleißig besuchet.[175]

So waren nunmehr alle Theile des kolossalen Baues in Benutzung genommen. Aber seine eigentliche Bestimmung, dem Landesfürsten <87> zur Wohnung zu dienen, trat allmählich etwas zurück. Hatte jeder der drei Kurfürsten, die zuerst darin gewohnt, einen andern Theil desselben benutzt – Joseph Clemens zuerst stadtwärts das Alte Apartement, später die Räume hinter der großen *Enfilade*, Clemens August den *Buen retiro*, Max Friedrich das Neue Quartier – dann war dem letzten Kurfürsten, Max Franz, der ein Feind prunkvollen Auftretens und höfischer Etikette war, das prächtige Schloß unsympathisch, und er bewohnte mit Vorliebe das sogen. Kurfürstliche Privathaus, das heutige Oberbergamt[176].

Doch hatte das Schloß bis dahin immer den Glanz einer fürstlichen Residenz sich bewahrt. Aber bald folgte ein jäher Sturz. Die schon längst drohende französische Invasion zwang 1794 den letzten Kurfürsten von Köln zur Flucht. In 600 Kisten wohlverpackt wurde das Archiv, die Bibliothek, das Silberzeug und andere Werthsachen [nach Recklinghausen bzw. Westfalen] mitgenommen[177]; der größte Theil des Mobiliars des Schlosses hat jedenfalls zurückbleiben müssen. Vieles hiervon wurde bei der rücksichtslosen Behandlung, die das Schloß nun erfuhr, von den Franzosen zerstört, Vieles entwendet, Manches mag auch, wie das Mobiliar des

---

[172] »Mahlerische Reise 25, Lang II, 174. «

[173] »Mahlerische Reise 25. «

[174] »„Max Friedrich achtete keiner Kosten darum, dieselbe baldmöglichst vollständig zu machen. Auch an dem Außenwerk wird nichts gesparet, aber nicht nur Pracht, auch Bequemlichkeit dabey zum Augenmerke genommen. Die Tischlerarbeit ist einem Klosterbruder, der ein geschmackvoller Künstler in seiner Art ist, die Einrichtung und Anordnung im Litterarischen aber dem Kurfürstlichen Hofkammerrath Vogel anvertraut. Noch ist sie nicht zum gemeinen Gebrauche eröfnet." {Mahlerische Reise S. 24}. «

[175] »Reise am Rhein S. 174. «

[176] Seit 1970 das „Institut für Geschichtswissenschaft".

[177] »Podlech, Geschichte der Erzdiözese Köln, Mainz S. 526. «

kurfürstlichen Privathauses[178] verkauft worden sein. Doch blieb immer noch ein ansehnlicher Rest unter der Aufsicht des Burggrafen Vogel und seines Nachfolgers Esch im Schlosse versteckt zurück, der um das Jahr 1803 heimlich per Schiff nach Mergentheim geschafft wurde. Sein Wert soll noch über 12,000 Reichsthaler betragen haben[179].

Die unbewegliche Ausstattung des Schlosses ging in der Folge gänzlich zu Grunde. Auch das, was die Fremdherrschaft überdauert hatte, wurde nach und nach in unverständiger Behandlung fast ganz zerstört, und so sind es beispielsweise nur wenige Stuckdecken, die nicht dem Schicksal verfielen, vernichtet oder mit nüchterner Tünche überdeckt zu werden. Das Theater diente Jahrzehnte lang als Reitbahn, <88> 1858 wurde es bei der Mobilmachung gar als Hafermagazin benutzt. So verschwand immer mehr die alte Ausstattung, und heute sind es nur mehr ein paar kärgliche Reste, die an die ehemalige Pracht des früheren Fürstensitzes erinnern. Und trübe schimmert auf den Thüren dem Besucher, der sinnenden Auges den gewaltigen Bau durchwandert, hier und da noch alte Vergoldung durch den Anstrich entgegen, mit dem eine pietäts- und geschmacklose Zeit das verdorben, was feines Kunstverständniß in der Vergangenheit entstehen ließ.

[1761] Die Räume auf der Hofgartenseite[xxii]

„Der Aufstieg in die Enfilade erfolgte vom Vestibül über eine dreiläufige Treppe, die sich in einen unteren Mittellauf und dann ausgehend von einem Umkehrpodest in zwei obere Treppenläufe gliederte, die in entgegengesetzter Richtung zum Gardensaal im ersten Stock führten. Die Treppe bestand aus Marmor, den Joseph Clemens von seinem Bruder Max Emanuel geschenkt bekommen hatte, und der aus den bayerischen Steinbrüchen eigens an den Rhein gebracht worden war. Der Gardensaal sollte sich gemäß der Wünsche des ursprünglichen Bauherrn Joseph Clemens durch besondere Geräumigkeit und Helle auszeichnen, da er als Ort vorgesehen war, um die Huldigung entgegenzunehmen, Lehen zu vergeben und die Landtage des Kurfürstentums abzuhalten. Der Saal diente damit der Verrichtung des zeremoniellen Teils der zentralen Staatsgeschäfte. Er war auch als Schauplatz geistlicher Handlungen des Fürstbischofs vorgesehen, zum Beispiel der Fußwaschung von dreizehn Armen am Gründonnerstag, verstanden als symbolischer seelsorgerlicher Dienst des Bischofs an seiner Gemeinde.

Ausgehend von diesem Hauptsaal der Enfilade gelangte man in die beiden ‚Antisalles', von denen die erste unter Clemens August als ‚Papstzimmer' bezeichnet wurde, da in ihr die Porträts von sieben Päpsten an den Wänden angebracht waren. Der zweite Saal trug den Namen ‚Kurfürstensaal' und war wie beim vorherigen Raum mit entsprechenden Porträts ausgestattet. Neben Clemens August selbst waren mit Joseph Clemens, Maximilian Heinrich, Ferdinand und Ernst alle Amtsvorgänger auf dem kurkölnischen Thron aus der bayerischen Linie des Hauses Wittelsbach dargestellt. Auf diese Weise wurde die seit dem Wahljahr Ernsts von Bayern 1583 ungebrochene Vormachtstellung der eigenen Dynastie am Rhein anschaulich in Szene gesetzt. Die folgende erste ‚Antichambre' diente Clemens August als Bibliothek, die zweite trug gemäß ihrer Ausstattung den Namen ‚Gobelinzimmer'. Auch das Audienzzimmer war mit Bildteppichen ausgestattet. <90>

Diese zeigten die Geschichte des ‚Telemach', weswegen der Raum als ‚Telemaque Zimmer' im Inventar von 1761 verzeichnet ist. Das an das Audienzzimmer anschließende

---

[178] »Bonner Archiv I S. 57. «
[179] »Rheinische Geschichtsblätter V. S. 308. «

Kabinett war den Angehörigen des Stammhauses Bayern gewidmet. Dieses sogenannte ‚bayerische Zimmer' war in weiß-blauen Farbtönen gehalten. Es zeigte in enger Hängung zehn große Porträts von Angehörigen des bayerischen Kurhauses. Das Paradeschlafzimmer war unter Clemens August mit mehreren Malereien mit geistlichen Themen versehen, darunter sechs Supraporten, welche die vier Evangelisten sowie zwei Heilige darstellten. Das folgende Kabinett zeigte neben aufwendigen Porzellanarbeiten auf Konsolen in den Supraporten weitere Porträts von Angehörigen des Kurhauses Bayern. Die daran anschließende 38 Meter lange Galerie – neben dem Gardensaal der größte Raum der Enfilade – diente als Gesellschaftsraum und wurde für Feste und Spiele genutzt. Unter den wenigen verzeichneten Herrscherporträts war das Clemens Augusts besonders hervorgehoben. Das Inventar vermerkt vier Bilder seiner Person sowie vier weitere Savonnerie-Teppiche, *vorstellend die Consecration Wäiland Seiner Churfürstle Dhlt'*. Sein Vorgänger Joseph Clemens wurde durch zwei Porträts präsentiert. Der letzte Raum der Enfilade war der ‚Turm-Saal', der als Vorsaal zum ‚Buenretiro' genutzt wurde und keine Porträts enthielt."

1695 E. Zuccali: Entwurf der gartenseitigen Fassade[xxiii]

Abb. 19: »Elévation d'une des ailes dudit palais«

Zum Vergleich das Universitäts-Hauptgebäude 2006: stark verändert ist nur der Mitteilteil einschließlich der *Regina Pacis* (ab 1744); von den Mansardenfenstern gibt es nur eine Reihe; die Fenster des Erdgeschosses sind Halbbogen-Fenster; die vier Hauben/Laternen sind alle gleich; die Kamine fehlen.

ca. 1695 E. Zuccali: Entwurf der Fassade des Ehrenhofs[xxiv]

Abb. 20: »Elévation dudit palais, du coté de la cour«, Entwurf von Zuccali ca. 1695

„Eine ausgewogen proportionierte Architektur, eine zurückhaltend-dekorative Fassadengestaltung mittel Rauhputzbändern, Lisenen, alternierenden Fensterverdachungen im *Piano nobile* und geohrte Rahmungen in den Mezzaningeschossen, die Verwendung von Pilastern und Säulen nur an ausgezeichneten Stellen – all dies sind wesentliche Merkmale des Zuccali'schen Profanbaustiles." (Heisterberg 2007, 24 f).

Abb. 21: Der Ehrenhof 2022

1715 de Cotte: Entwurf des Erdgeschosses[xxv]

»Plan du Rez de chaußé du Palais Electoral de Bonn Fait en l'année 1715«

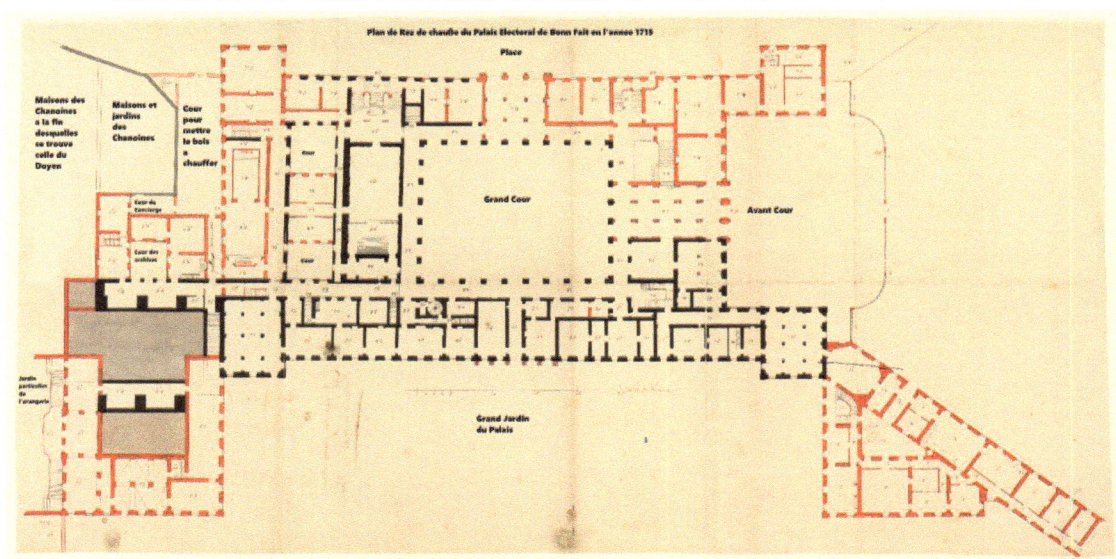

Abb. 22: »Plan du rez-de-chaussée du palais de Bonn appartenant à l'Electeur de Cologne«

Die von Zuccali angelegten Räume sind schwarz gekennzeichnet.

1715 de Cotte: Entwurf der ersten Etage[xxvi]

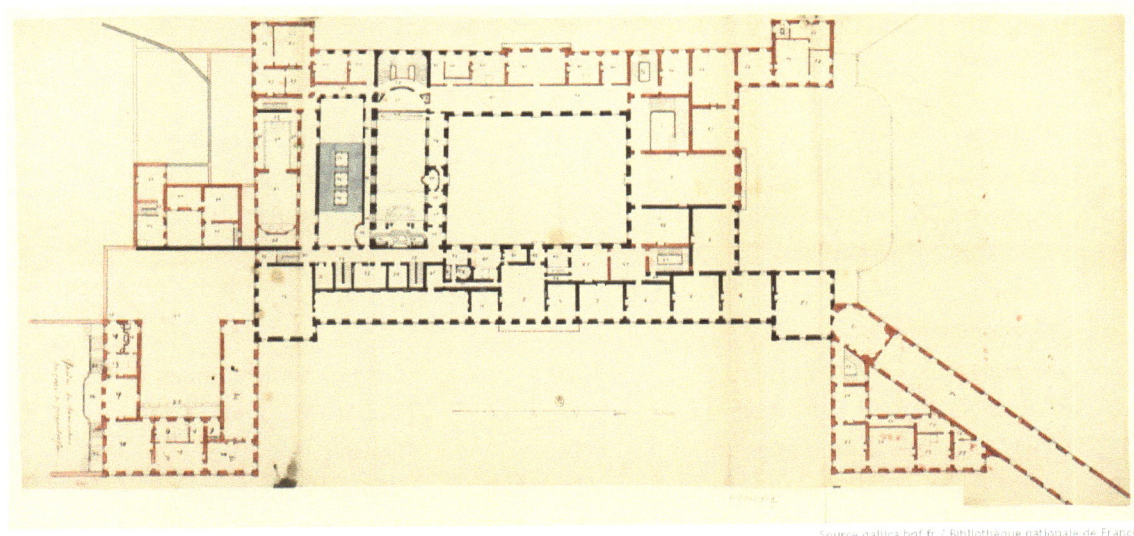

Abb. 23: »Plan du premier étage dudit palais«

Erst Kurfürst Max Friedrich von Königsegg-Rothenfels (1761-1784) vollendete den Bau des Schlosses, das aber schon 1777 bei dem grossen Brand fast völlig zerstört wurde.

1717 G. Hauberat: Entwürfe für das *Buen retiro* xxvii

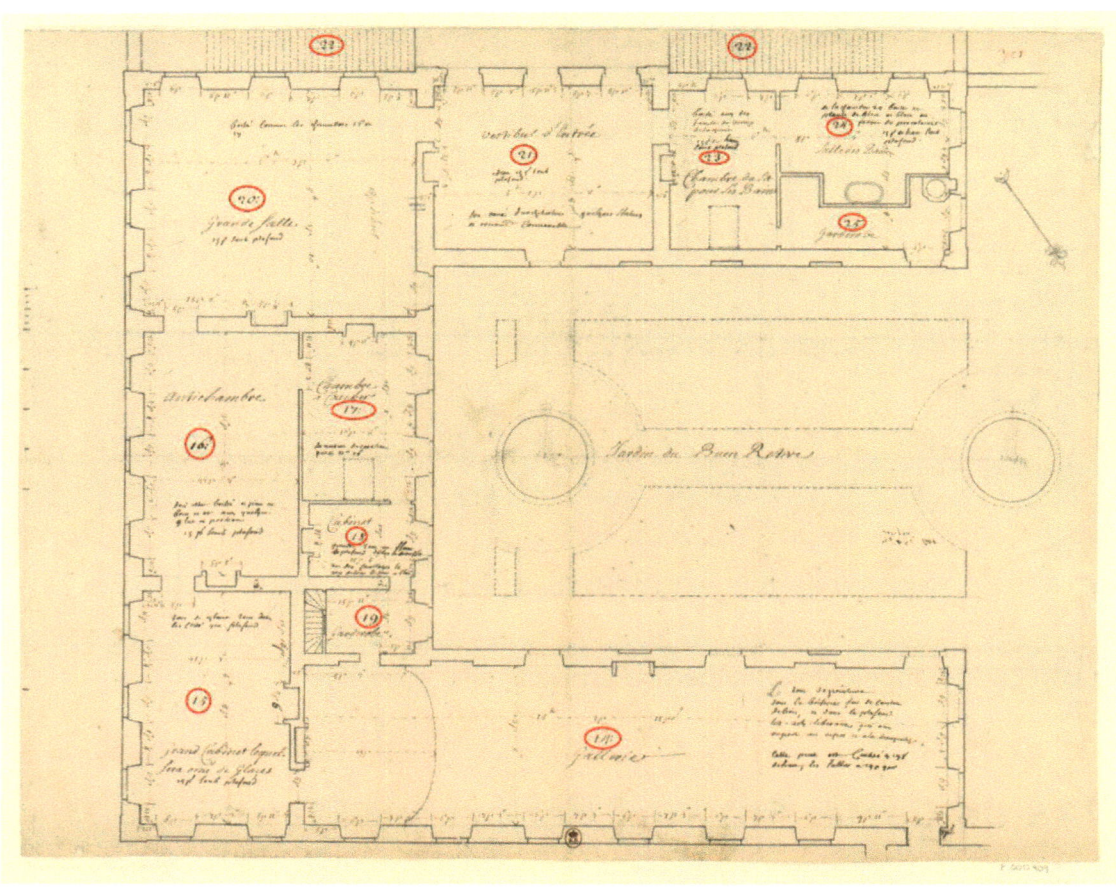

Abb. 24: Entwürfe Hauberats um 1716

	Hauberat		Hauptmann (Seite 25)
14	Gallerie	# 13	Deutschmeistergallerie
15	Grand Cabinet [=Abb. 27]	# 14	Antichambre
16	Antichambre [=Abb. 26]	# 15	Audienzsaal
17	Chambre à Coucher		
18	Cabinet		
19	Garderobe		
20	Grande Salle [=Abb. 25]	# 16	Grosses Schlafzimmer
21	Vestibule d'entrée [=Abb. 26]	# 17	Grünes Kabinett
22	[Terrasse, in Richtung Westen!]	# 41	Freitreppe
23	Chambre du lit pour Les Bains	# 18	Kleines Schlafzimmer
24	Salle de Bains [=Abb. 28]	# 19	Badezimmer
25	Garderobe		

« Buen retiro »: Name des Lustschlosses des spanischen Königs in Madrid, das ebenfalls von de Cotte entworfen worden war. Dieser Komplex war 1723 beim Tode Joseph

Clemens' unvollendet und diente als Lager für Baumaterial und Theaterkulissen; erst 1761 ist er fertig.

1716 de Cotte: Entwurf für die *Grande Salle*[xxviii]

Abb. 25: »Elévation de boiseries des parois Est et Sud de la Grande Salle«, de Cotte um 1716

Entwürfe für die Wände der *Grande Salle* als Spiegelsaal (*Salle des Glaces*)

1716 de Cotte: Entwurf für das *Antichambre*[xxix]

Abb. 26: Antichambre und Vestibule d'Entrée de Cotte's um 1716

1715 de Cotte: Entwurf für das *Grand Cabinet*xxx

lequel doit être orné de Glaçes

Abb. 27: Grand Cabinet de Cotte's 1715

1717 de Cotte: Entwurf für die *Salle des Bains*xxxi

Abb. 28: Salle des Bains de Cotte's 1717

„Der vollständig überlieferten Planung steht eine in Umfang und Verlauf nur vage nachvollziehbare Ausführung gegenüber. [...] Auch die zunehmenden finanziellen Nöte Joseph Clemens' und die nur marginale Erwähnung des [buen retiro-]Flügels in dem nach seinem Tod aufgenommenen Inventar lassen eine Realisierung der Entwürfe fraglich erscheinen." (Hartmann, Ausstattungsprojekte für den Buen-Retiro-Flügel 1715-23 2007, 65).

1716 de Cotte: Entwürfe für Kamine[xxxii]

Abb. 29: Entwürfe de Cotte's für Kamine

[von links:] Bibliotheque, Chambre de parade, Cabinet de baviere, Salle d'Audience, Cabinet des Glaces

Beispiel der Stukkatur[xxxiii]

Abb. 30: Stuckdecke, Ausschnitt

1772 J. P. N. M. Vogel: »Chorographia«, Auszug^{xxxiv}

»Weilen nun die Stadt Bonn von der im Jahre 1703 erlittenen Bomdardirung annoch in erbärmlichem Unstand lage, so frischte der Churfürst die Innwohner an, ihre Häuser nach Vermögen wiederherzustellen, er kaufte gar verschiedene Plätze und Weingarten in der Stadt, die er seinen Hofbedienten zu Bauplätze austheilte, das alte Churf[ürstliche] Residenz-Schloß, so vom Churfürst Ferdinand seinem Groß-Oheim im Jahre 1634 gebauet und durch die hol-ländische Belagerung sehr zerstöhret war, ließ er wieder in guten Stand setzen, und legte dem-nächst im Jahre 1718 den Grund zu dermaligen weltberühmten Residenz, woran er mit der heutigen St. Floriani Kapell [= # 21 in Hauptmanns Plan] den Anfang gemacht und allda unterm 24. Aug. 1717 den ersten Grundstein gelegt hatte.« <161>

2022 Innenansichten Südflügel

Abb. 31: Treppenhaus im Südflügel/Hofgartenseite aus den 50er Jahren, Photo 2022

Hier oben, im Zentrum des Südflügels, war ursprünglich das Paradeschlafzimmer des Kurfürsten (#9 bei (Hauptmann, Das Innere des Bonner Schlosses zur Zeit Clemens Augusts 1901).

1722 M. Biber: »Hoff-Aufwartungs-Instruction«

[aus dem]
CHUR-CÖLLNISCHEN CAPELLN- und HOFF-CALENDER^{xxxv},

Für das Jahr nach der Gnadenreichen Geburt

unseres Seeligmachers Jesu Christi MDCCXXII

Auff J[osephi] C[lementis] D[omini] gnädigste Verordnung vom Matthia[s] Biber, Cammer-Fourier, Unterthänigst gehorsambst verfertiget, und nachgehends in offentlichen Truck gestellet durch Wittib Hildens zu Cölln.

Wie sich ein jeder dieshalber in denen Churf. Zimmern einfinden und verhalten solle, da die vornehmste Oerter zur Churf. Auffwartung in 6 Theilen abgesönderet, und genennet werden, als:
1. Das Vestibule [1[180]] oder vor-Fletz unter der Stiegen des haubt-Auffgangs [A]
2. Der obere vor-Saal oder Palier vor dem haubt-Saal ober der Stiegen
3. Der Garde- oder haubt-Saal [2]
4. Die Churf. Ritter-Stuben
5. Die Churf. ante-Cammer [5]
6. Das Churf. Retirade – oder dem alten Gebrauch nach so genannte Chur-Stuhl-Zimmer

In diesen 6 Plätzen solle die Auffwartung geschehen, wovon jene als vor-Fletz, vor-Saal, Garde-Saal und Ritter-Stuben unter dem Obrist Hoff-Marschalle gehören, die ante-Cammer unter dem Obrist-Hoff-Meister, und das Retirade- oder Chur-Stuhl-Zimmer unter dem Obrist-Cammerer; damit aber jeder wisse, wie weit einem und anderem in benahmbsten Churf. Zimmern erlaubt seye zu gehen, so kann man solches aus folgenden Entscheidungen ersehen, welche in vier Theilen getheilet werde, wie folgt:
1. wegen der Geistlichen
2. wegen der Hoff-Bedienten
3. wegen der Kriegs-Offizieren
4. wegen der Frembd-durchreisenden

I. In dem vor-Fletz unter den Stiegen des haubt-Auffgangs

Geistliche

1. Die Closter-Frauen
2. Die Opffer-Mäner und Cüstere
3. Die Garde- und Sammlungs-Brüder

Hoff-Bediente

1. Die Churf. Trabanten, so daselbst die haubt-Wachen haben
2. Der Churf. Ministern, Cammerer und Räthen Bediente

Kriegs-Officiers

1. Alle unter-Officiers von Regimentern, so keine Leib-Regimenter, bis auff die Caporalen inclusive

Fremd-durchreisende

42. Alle ehrliche[n] Personen so durchreisen, und nicht sonderbahr bekannt seyn wollen
43. Alle ehrlichen Handwercks- und Bürgers-Leuthe
44. Aller vornehmen Cavaliern Laqais, die sich auff der Reis befinden

---

[180] In [ ] die Nummern bei (Hauptmann, Das Innere des Bonner Schlosses zur Zeit Clemens Augusts 1901).

II. In dem vor-Saal ober der Stiegen

Geistliche

Als, so suppliciren wollen

Hoff-Bediente

1. Alle Churf. Lieberey-Bediente
2. Alle Laqais in der Liberey von Kayserl. Königl. Churf. und Hochf. Abgesandten, auch von Thumb-[=Dom-]Capitularen und würcklichen Churf. Adelichen geheime Räthen, wie noch, aber nur ein Laquai von Capitaine, Lieutenant und Cornette oder Fändrich der Leib-Garden im Monat-Dienst, das ist, einem jeden ein Laquai, so lang sie den Dienst haben, der Überrest ihrer Laquais bleibt bey denen übrigen unter den Stiegen im vor-Fletz
3. Die Keller- und Zehrgaden-Knechts
4. Die mindiste Churf. Bediente ohne Liberey, als Küchen-, Zucker-Becker-, Sommelier-Jungen und dergleichen

Kriegs-Officiers

1. Alle unter-Officiers der Churf. Leib-Regimentern bis auff die Caporalen inclusive Fremd-durchreisende
1. Alle Personen, so nicht Adelich seynd, aber doch kein gering-schätziges ansehen haben
2. Alle Bürger-Meisters und Raths-Verwandte ausserhalb der Churf. Residentz-Stätten
3. Alle Feld-Trompetters und Pauckers
4. Alle Hoff-Arbeits-Meisters
5. Alle Handwercks-Meisters
6. der Reichs-Grafen Laquais

III. In dem Garde- oder haubt-Saal

Geistliche

1. Alle Vicarii
2. Alle Weltliche Priesters
3. Alle Diaconi
4. Alle sub-Diaconi
5. Alle Mendicanten-Mönchen
6. Alle Schul-Meisters

Hoff-Bediente

1. Die Churf. Hatschier Leib-Garden halten die Wacht in diesem Garde-Saal gegen die Zimmer von Ihro Churf. Durchl.
2. Die Churf. Carabinier Leib-Garden halten die Wacht in dem gard-Saal gegen den Eingang dieses Saals
3. Alle drey Churf. Leib-Garden Compagnien der Hatschiern, Carabiniern und Trabanten, wan sie schon keine Versamblung noch Wacht bey Hoff haben
4. Der Hoff-Profos, der extra Silber-Diener, die Taffel-Deckers, die Keller-Dieners, der Zehrgarden-Diener, die Hoff-Köch, der Hoff-Becker, der Hoff-Metzger, der Hoff-Fischer, die neben-Köch, der Zucker-Becker-Gesell und dergleichen
5. Alle Hoff-Laquais, Heyducken, und Sessel-Trägers, so nicht im Dienst seynd

6. Der Soufflet-Meister, der Wagen-Meister, der Truhen-Knecht, der Weeg-Weiser, der Senfften-Meister, die Cantzley-Botten, der Fuder-Knecht, der Roß-Arzt, die Reit- und Hoff-Schmidts
7. Die Jägers und Falckeniers
8. Das völlige Gefolge eines Abgesandten, wan er seine offentliche Audientz hat, sonsten nicht, ausser solcher aber ist nur erlaubt, das dem Gesandten zwey seiner Laquais bis an die Ritter-Stuben-Thür folgen und begleiten können, so bald aber ihr Herr in der Ritter-Stuben ist, sollen sich die zwey Laquais aus dem Garde-Saal in der vor-Saal begeben, da sie so lang warten mögen, bis ihr Herr zuruck kommt; alsdan sie selben wieder von der Ritter-Stuben-Thür an begleiten dörffen, wie beym Eingang. Gleichen Verstand hat es mit der Thumb-Capitularen, Churf. hohen Ministern und Adelichen geheimen Räthen Laquais, welchen nur ein auffs höchste zwey Dieners zu ihrer Bedienung erlaubet seynd, bis an die Ritter-Stuben-Thür, und von dar wieder zurück.

Kriegs-Officiers

1. Alle Lieutenants, Fändrichs, Cornettes, Regiments-Quartier-Meisters, Auditors, Adjutanten und Proviant-Meisters, so nicht von Leib-Regimentern seynd
2. Alle Wachtmeisters und Feldwebels von Churf. Leib-Regimentern

Fremd-durchreisende

1. Alle Frembde titulirte Personen
2. Alle Doctores Juris & Medicinae
3. Alle Advokaten
4. Alle Procuratores
5. Alle Notarii
6. Alle Churf. Statt- und Land-Bediente, als Besehers, nach –Gängers, und dergleichen
7. Alle vornehme[n] Kauff- und Handels-Leuthe
8. Alle Künstlers

IV. In der Ritter-Stuben

Geistliche

1. Alle Decani Rurales et Pastores
2. Alle Vicarii der Metropolitan-, Cathedral-, Archidiaconal-, Collegial- und Statt-Pfarr-Kirchen
3. Alle Mönchen, so keine Mendicanten seynd
4. Alle Guardianorum und Superiorum Socii, wan sie als Mendicanten nach Hoff kommen
5. Alle Hoff-Beicht-Vättern und Predigern Socii

Hoff-Bediente

1. Alle Secretarii Geistlichen-Hoff-Cammer- und Kriegs-Raths
2. Der Hoff-Controlleur des Offices & Cuisines
3. Der Fuder-Meister von Churf. Hoff-Stall
4. Der ober-Bereiter
5. Der Bau-Meister
6. Der Sprach-Meister
7. Der Fecht-Meister
8. Der Tantz-Meister
9. Der Ingenieur
10. Der Machinist
11. Der Sommelier

12. Der Designateur
13. Alle geheime[n] Cantzley-Verwandte bis auff die Cantzelisten inclusive
14. Die Burg-Grafen der Churf. Residentz-Schlössern
15. Der Leib-Schneider
16. Der Keller-Meister
17. Der Saal-Meister
18. Der Maitre d'Hotel, oder Speisen-Setzer
19. Der Hoff-Fourier
20. Alle Cantzley-Verwandte, Geistlichen Hoff-Cammer- und Kriegs-Raths bis auf die Cantzelisten inclusive
21. Der Brod-Meister
22. Der Confect-Meister
23. Der Küchen-Schreiber
24. Der Tappezier
25. Der Haus-Cammerer
26. Der Rüst-Meister
27. Der Leinwand-Meister
28. Die Ritter-Stuben-Portiers
29. Der drey Churf. Leib-Garden Compagnien unter-Officiers, als die Wachtmeisters, der Feldweibel, die Exempten, Fouriers, Muster-Schreibers, Feld-Scherers und Caporalen
30. Alle Churf. Hoff-Musicanten, Hoff- und Leib-Garden Trompetters und Pauckers, mit Einschliessung der Hautboisten [=Oboisten]
31. Der unter-Bereiter
32. Der Zehrgadner[181]
33. Der Zucker-Becker
34. Der Keller-Schreiber
35. Der Fuder-Schreiber vom Churf. Hoff-Stall
36. Der Hoff-Kellerer
37. Die Silber-Dieners
38. Der Phisterer
39. Der Einkauffer
40. Der Zehrgaden-Schreiber
41. Der Brod-Schreiber
42. Der Sattel-Knecht
43. Der Püchsen-Spanner
44. Die Churf. Mund-Köch
45. Der Churf. Mund-Becker
46. Alle Adeliche und nicht Adeliches Pages, wie auch alle würckliche Secretarii, Schreibers und Cammerlingen der Abgesandten, Thumb-Capitularen, Churf. Ministern und Adelichen geheimen Räthen
47. Die Churf. Jäger- und Falckenier-Meisters
48. Die Hoff-Laquais, Heyducken und Sessel-Trägers, so den[n] Dienst haben
49. Die Churf. Leib- und Feld-Gutschiers

Kriegs-Officiers

1. Alle Obrist-Lieutenants, Obrist-Wachtmeisters, Haubtleuthe und Rittmeisters, so nicht von Churf. Leib-Regimentern
2. Alle Adjutanten der Generals-Personen
3. Alle Lieutenants, Fändrichs, Cornettes, Regiments-Quartier-Meisters, Adjutanten, Auditors und Proviant-Meisters der Churf. Leib-Regimentern
Fremd-durchreisende

---

[181] Dieses Amt bekleidete spätestens 1759 Anton Flörcken, ein Vorfahr des Herausgebers.

1. Alle Frey-Herren, so keine Cammerer, noch auffgeschworne Land-Stände, Räthe, und Trucksessen
2. Alle Adeliche Personen, so keinen Caractere bey Hoff haben
3. Alle Agenten
4. Alle Churf. Zöllnere, Amts-Verwalters, Schulteissen, Vögte, Richters, Kellnere, Zoll-Schreibers, Gericht-Schreibers, und dergleichen
5. Alle Bürger-Meisters und Raths-Verwandte der Churf. Residentz-Stätten
6. Alle Hoff-Künstlers

V. In der Ante-Cammer

Geistliche

1. Alle Probsten
2. Alle Decani der Archidiaconal- und Kollegial-Kirchen
3. Alle Provinciales
4. Alle Hoff-Beicht-Vätters
5. Alle Hoff-Predigers
6. Alle Canonici der Archidiaconal- und Collegial-Stifftern
7. Alle Churf. Hoff-Capellän
8. Alle Guardiani
9. Alle Rectores
10. Alle Priores und dergleichen Geistliche Vorstehers

Hoff-Bediente

1. Die Directores Geistlichen-, Hoff-, Cammer- und Kriegs-Raths
2. Alle würckliche[n] Geistliche[n] Räthe
3. Die würckliche[n] Hoff-Räthe und Churf. Leib-Medici
4. Alle Churf. Trucksessen
5. Die würckliche[n] Cammer-Räthe und Churf. geheime[n] Secretarii
6. Alle würckliche[n] Kriegs-Räthe
7. Die Geistliche- und Weltliche titular-Räthe
8. Alle Churf. Cammer-Püchsen- und Edel-Knaben
9. Der Churf. Edel-Knaben Hoff-Meister
10. Der ober-Vogt, und die Scheffen der hohen Weltlichen Gerichts in Bonn
11. Der Churf. Cammer-Schreiber
12. Alle Churf. würckliche-dienende Cammer-Dieners
13. Der Churf. Cammer-Fourier
14. Alle Churf. titular-Cammer-Dieners
15. Der Churf. Edel-Knaben-Praeceptor
16. Die Churf. Cammer-Zwergen
17. Der Churf. Leib-Apotheker
18. Der Churf. Leib-Barbier
19. Die Churf. Cammer-Portiers

Kriegs-Officiers

1. Alle Obristen
2. Alle Obrist-Lieutenants, Obrist-Wachtmeisters, Haubtleuthe und Rittmeisters von Churf. Leib-Regimentern

Fremd-durchreisende

1. Alle Reichs-Ritters
2. Alle Grafen, so nicht vom Reich seynd

3. Alle auffgeschworne Adelich Land-Stände, so nicht den Churf. Cammer-Schlüssel haben
4. Alle Residenten

VI. In dem Chur-Stuhl- oder Retirade-Zimmer

Wo der Thron, oder Baldachin ist, welchen Ihre Churf. Durchl. zu denen Land-Tägen, und anderen publiquen Acten gebrauchen

Geistliche

1. Alle Bischoffen
2. Alle Praelaten
3. Alle Thumb-Capitularen
4. Der Churf. Beicht-Vatter

Hoff-Bediente

1. Der Obrist-Hoff-Meister
2. Der Obrist-Cammerer
3. Der Obrist-Cantzler
4. Alle Adeliche geheime Räthe
5. Der Obrist Hoff-Marschall
6. Der Obrist Stall-Meister
7. Die Praesidenten Geistlichen-, Hoff-, Cammer- und Kriegs-Raths
8. Der Gouverneur des Gardes
9. Der Land-Drost in Westphalen
10. Der Statthalter im Vest-Recklinghausen
11. Der Capellanus Honoris
12. Der ober Hoff-Meister
13. Der ober-Cammerer
14. Der ober-Marschall
15. Der ober Stall-Meister
16. Der ober Jäger-Meister
17. Die Capitaines von Leib-Garden zu Pferd
18. Der Capitaine von Leib-Garden zu Fuß
19. Der geheime Raths-Cantzler
20. Die vice-Praesidenten Geistlichen-, Hoff-, Cammer- und Kriegs-Raths
21. Der ober Küchen-Meister
22. Der ober Silber-Cammerer
23. Der vice-Stall-Meister
24. Alle gelehrte[n] geheime Räthe
25. Der Jäger-Meister in Westphalen
26. Der Jäger-Meister im Vest-Recklinghausen
27. Alle Churf. Cammerer, worunter auch die ober-Officiers von Churf. Leib-Garden mit begriffen seynd

Kriegs-Officiers

1. Alle Generals-Personen
2. Alle Brigadiers

Fremd-durchreisende

1. Alle Ambassadeurs und Envoyez
2. Alle Reichs-Grafen

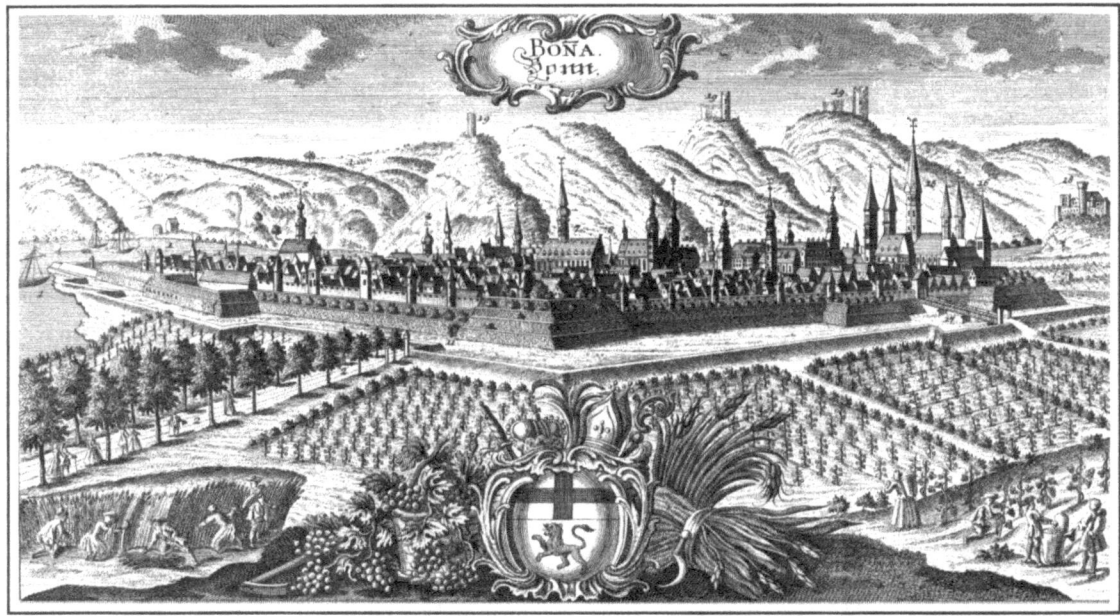

Abb. 32: Stadtansicht von Ringlin/Werner 1730

1. Rhenus
2. Plantagium novum et via Coloniam versus
3. Coenobium moniale Engelthal
4. Coenobium moniale Italicarum
5. Collegium Canonicorum Steinkirch
6. Monasterium Capucinorum
7. Minoritum templum et monasterium
8. Conventus Capucinorum
9. Templum Patrum Societatis Jesu
10. Collegium
11. Porta Coloniensis
12. Observantium sive Franciscorum monasterium
13. Residentia Electoralis
14. Parochia S. Remigii
15. Ecclesia metropolitana
16. Templum S. Matthaei
17. Porta Stellae
18. Vetus castellum Gottsberg
19. Vetera Speculatoria seu destructa montana spoliaria Castella prope Rhenum

1. Der Rheinstrom
2. Neue Plantage [=Baumschule] und straßen nach Cölln
3. Engelthal Frauen Closter
4. Zum welschen Nonnen
5. Stifft Stein-kirchen
6. Capuciner Closter
7. Minoritt Kirch u. Closter
8. Convent der Capucinerinnen

9. Patres Jesuitter Kirch
10. Das Collegium
11. Die Cöllnische Pforten
12. Observanten oder Franciscaner Closter
13. Die Churfürstliche Residenz
14. S. Remigii Pfarr Kirch
15. das Münster
16. Kirch zu S. Matthaeus
17. Das Stern Thor
18. Alte Schloss Gott-berg [=Godesburg]
19. Alte wartthürme oder ruinirte berg und Raub Schlößer am Rhein-Strom

F[riedrich] B[ernhard] Werner del[ineavit] – I[ohann] G[eorg] Ringlin sc[ulpsit]

Cum Pr[ivilegio] S[acrae] C[aesareae] Maj[estatis]

Mart[inus] Engelbrecht excud[it] A.V.

In dieser Perspektive verschwindet das Schloss hinter den Kirchen, deren Türme stark verschlankt, überhöht und barockisiert erscheinen.

1801 Ansicht von Bonn^{xxxvii}

Ansicht von Bonn.   Vue de Bonn.

Abb. 33: Ansicht von Bonn, 1801

Das Schloss ist deutlich erkennbar, ebenso die Türme der Kirchen; der Alte Zoll ist gerade noch zu identifizieren.

1754 F. Rousseaux: Maskenball im Schloss^{xxxviii}

Abb. 34: Maskenball im kurfürstlichen Schloss, von Rousseaux 1754

Das Gemälde – auch wenn das Bild in der Reproduktion stark verkleinert ist – gibt dennoch eine Vorstellung von der Höhe und Breite des Raumes und seiner prachtvollen Ausstattung. Der Mann links von dem Hündchen soll Kurfürst Clemens August sein. Ebenfalls soll Casanova anwesend sein; Ludwig van Beethoven, der Großvater des Komponisten, soll unter den Musikern sein.

1760 G. Casanova: Memoiren^{xxxix}

«Am Tage des Balls fuhr ich in der Dämmerung in einer Postkutsche ab; ich trug einen Anzug, den in Köln niemand kannte, und hatte einen Koffer bei mir, worin sich zwei Dominos befanden. So fuhr ich in aller Eile nach Bonn, nahm dort ein Zimmer und zog den einen Domino an, während ich den anderen in dem Koffer ließ, den ich gut verschloß. Dann ließ ich mich in einer Sänfte nach dem Schlosse tragen.

Ohne Schwierigkeit trat ich ein und sah, ohne erkannt zu werden, alle Kölner Damen unmaskiert in den Festsälen, unter ihnen auch meine Schöne, die an einem Pharaotische¹⁸² saß und dukatenweise setzte. Ich sah mit Vergnügen, daß der Bankhalter Graf Verità war, ein Veroneser, den ich in Bayern kennen gelernt hatte. Er stand in Diensten des Kurfürsten [Clemens August]. Seine kleine Bank war höchstens fünf- oder sechshundert Dukaten stark, und es beteiligten sich höchstens zwölf Personen am Tisch, Herren und Damen zusammen gerechnet. Ich stellte mich neben meine Dame, der Bankhalter gab mir ein Buch und bot mir die Karten

---

¹⁸² Pharo, Pharao, frz. Pharaon, ist ein Glücksspiel mit französischen Karten.

zum Abheben an. Ich entschuldigte mich durch eine Gebärde, und meine Nachbarin hob ab, ohne darum gebeten zu sein. Ich setzte zwölf Dukaten auf eine einzige Karte und verlor viermal hintereinander. Bei der zweiten Taille spielte ich wieder so; derselbe Erfolg. Bei der dritten Taille wollte niemand abheben; man bat den General, und dieser tat es, da er nicht spielte. Ich bekam den Einfall, sein Abheben würde mir Glück bringen und setzte fünfzig Dukaten auf eine einzige Karte; ich gewann, bot Paroli und sprengte in der nächsten Taille die Bank. Alle Welt war neugierig, man sah mich an, man ging hinter mir her. Ich benutzte jedoch einen günstigen Augenblick und entwischte.

In meinem Zimmer angekommen, schloß ich mein Geld ein, wechselte den Domino und kehrte auf den Ball zurück. Ich sah den Spieltisch von neuen Kämpen besetzt; ein anderer hielt die Bank und hatte viel Geld vor sich liegen; da ich aber nicht mehr spielen wollte, so hatte ich nur sehr wenig Geld bei mir behalten. Ich mischte mich unter alle Gruppen und hörte überall neugierige Erkundigungen, wer wohl die Maske sein möchte, die die erste Bank gesprengt hätte. Natürlich lag mir wenig daran, diese Neugier zu befriedigen; ich streifte rechts und links umher und entdeckte endlich den Gegenstand meines Suchens im Gespräch mit dem Grafen Verità.

Ich trat in ihre Nähe und hörte, daß sie sich von mir unterhielten. Der Graf sagte ihr, der Kurfürst hätte sich erkundigt, wer die Maske wäre, die seine Bank gesprengt hätte, und der General Ketteler hätte ihm gesagt, es könnte wohl ein Venetianer sein, der vor etwa acht Tagen in Köln angekommen wäre. Die Dame sagte ihm, sie glaube nicht, daß ich da wäre, denn sie hätte mich sagen hören, ich könnte meiner Gesundheit wegen nicht kommen.

»Ich kenne Casanova,« sagte der Graf, »und wenn er in Bonn ist, wird der Kurfürst es erfahren, und er wird nicht abreisen, ohne daß ich mit ihm gesprochen habe.«

Ich wußte natürlich, daß man nach dem Ball mich leicht entdecken könnte, aber ich forderte die Scharfsinnigsten heraus, dieses fertig zu bringen, so lange ich im Saale bliebe. Meine Absicht wäre mir auch gelungen, wenn ich vorsichtig gewesen wäre; aber als die Kontertänze begannen, bekam ich Lust zu tanzen und engagierte mich, ohne daran zu denken, daß ich genötigt sein würde, meine Maske abzunehmen. So kam es denn auch, als ich nicht mehr zurück konnte.

Als meine schöne Dame mich sah, sagte sie mir, sie hätte sich getäuscht; sie hätte wetten mögen, ich sei eine Maske, die die Bank des Grafen Verità gesprengt hat. Ich antwortete ihr, ich käme soeben erst an.

[…] als der Graf mich vorstellte, spielte ich einen Augenblick eine traurige Figur, denn der Kurfürst war von fünf oder sechs Hofleuten umgeben, und da ich ihn niemals gesehen hatte, so suchten meine Augen einen Geistlichen, den sie nirgends fanden. Er bemerkte meine Verlegenheit und machte derselben schnell ein Ende, indem er in schlechtem Venetianisch zu mir sagte: »Ich trage heute die Kleidung des Großmeisters des Deutschherrenordens.«

Trotz seiner Kleidung machte ich die übliche Kniebeugung; als ich ihm aber die Hand küssen wollte, verhinderte er mich daran, indem er mir herzlich die meinige schüttelte. Er sagte: »Ich war in Venedig, als Sie unter den Bleidächern gefangen saßen, und mein Neffe, der Kurfürst von Bayern, hat mir mitgeteilt, daß Sie sich nach Ihrer glücklichen Flucht einige Zeit in München aufhielten. Wenn Sie nach Köln gekommen wären, hätte ich Sie dort festgehalten. Ich hoffe, Sie werden nach Tisch so freundlich sein, uns die Geschichte Ihrer Flucht zu erzählen, werden dann zum Abendessen bleiben und an einer kleinen Maskerade teilnehmen, die wir zu unserer Belustigung veranstalten wollen.«

Ich erklärte mich natürlich bereit, meine Geschichte zu erzählen, vorausgesetzt, daß er die Geduld hätte, mich bis zum Ende anzuhören, da ich zwei Stunden dazu gebrauchen würde.«

vor 1777 C. Dupuis: »Vüe de la Résidence« [xl]

Abb. 35: Das Residenzschloss von Dupuis vor 1777

Vüe de la Résidence de S[on] A[ltesse] E[minence] E[lectorale] de Cologne du Côté du jardin

C[harles] Dupuis Officier del[ineavit] – J[ohann] G[eorg] Sturm sc[ulpsit]

Der Stich zeigt das Schloss vor dem Brand (s.u.), mit den vier Hauben, einer Parkanlage [=Hofgarten] im französischen Stil und – ganz rechts – vermutlich die Orangerie. Der Hofgarten war 1722 fertig gestellt: eine Parkanlage nach französischem Vorbild.

1778 F. von Kleinsorgen: »Prospect des Churfürstlichen Residenz Schlosses« vor 1777 [xli]

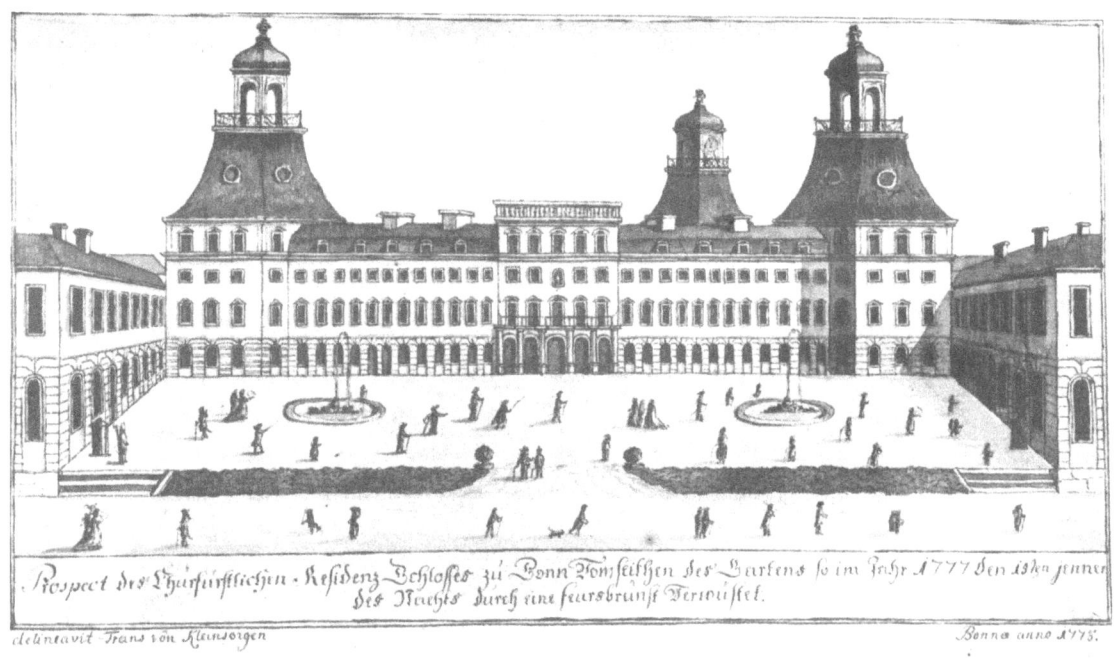

Abb. 36: Das Residenzschloss von Kleinsorgen 1778

Prospect des Churfürstlichen Residenz Schlosses zu Bonn Von seithen des Gartens, so im Jahr 1777 den 15ten jenner des Nachts durch eine feursbrunst Verwüstet.

Delineavit Frans von Kleinsorgen – Bonnae anno 1778

Die beiden Springbrunnen wurden vom Godesberger Bach gespeist, der bis hierhin umgeleitet wurde.

1796 Fokke Simonsz, A. »Beknopte Beschrijving van den Rhijn-Stroom« [xlii]

Abb. 37: Das Bonner Schloss, by Fokke

Unter den neuzeitlichen Abbildungen weicht diese am stärksten von der Realität ab: zu nahe am Fluss, die Ecktürme sind eingereiht, eine Rheinfront dieses Ausmasses gibt es nicht, usw.

1777 F. Rousseaux: »L'Incendie de la Residence des S. A. E. de Cologne à Bonn«[xliii]

Abb. 38: Der Brand, von Rousseaux 1777

Prospect der Kurfurstl[ich] Köllnischen Residenz in Bonn wie solche d[en] 15. Ian[uar] 1777 in der früh um 6 Uhr in vollem Feuer von der Seite aus Poppelsdorff nebst der Façade von der Stadt anzusehen war.

L'Incendie de la Residence de S[on] A[ltesse] E[lectorale] de Cologne à Bonn le 15 Janvier 1777 à 6 heure du matin du Coté de Poppelsdorf et la Façade du Coté de la Ville.

F. Rousseaux delin[eavit] – gravé par Balth[asar] Frederic Leizel

Se vend à Augsburg aux Negoce [...] de l'Academie Imperiale d'Empire des Arts liberaux avec Privilege de Sa Majeste Imperiale. Defense ni d'en faire ni de vendre les Copies.

Sogenanntes Guckkastenbild, das seitenverkehrt gezeigt wurde mit Blick in den Ehrenhof (vorne), links der Hofgarten.

Am frühen Morgen des 15.01.1777, gegen 3 Uhr, wurden zwei Kammerknaben, Aloys von Wydenbruck zu Loë und Clemens von Schall, die im westlichen Teil des Schlosses schliefen, von fürchterlichem Getöse und starkem Rauch geweckt: Die oberste Etage des Schlossflügels stand bereits in hellen Flammen; kurze Zeit später gab es eine starke Explosion in der nahe gelegenen Pulverkammer. Alles stand in hellen Flammen; die nächtliche Feuerwache in der Remigiuskirche hatte nicht reagiert/war nicht besetzt. Schnell griff das Feuer auf den zur Fürstenstrasse gelegenen Flügel über. Die Spritzen der Feuerwehr waren in schlechtem Zustand. Die Bürger halfen beim Löschen, indem Eimer mit Löschwasser in Ketten gereicht wurden. Der 69jährige Kurfürst Max Friedrich, der im ersten Obergeschoss des östlichen Flügels, im sog. Neuen Quartier, [Nr. 33 im Plan von Hauptmann, hier Seite 24] schlief, wurde geweckt, zunächst in den Hofgarten geführt und in einen Soldatenmantel gehüllt, bevor er in die Wenzelgasse zum Haus des Obrist-Stallmeisters von Forstmeister gebracht wurde. Gegen 8 Uhr des Morgens brannte die Schlosskapelle aus. In der Stadt löschten die Bürger mit Wassereimern die Brandherde, die durch den Funkenflug entstanden waren.

Gegen 22 Uhr versuchte der Hofrat Emanuel von Breuning[183] mit mutigen Männern vom Ehrenhof aus in das brennende Gebäude vorzudringen, um das Archiv zu retten. Beim dritten Vorstoß begruben herabstürzende Mauern ihn und seine Helfer; er konnte noch lebend aus dem Schutt gerettet werden, starb jedoch um Mitternacht in seinem Haus am Münsterplatz[184]. Mit ihm starben beim Brand 12 weitere Männer. Das Feuer wütete bis zum 20.01.1777.

Die Brandursache ist nie ermittelt worden; der Vorwurf der Brandstiftung konnte nicht erhärtet werden. [xliv]

---

[183] Seine Witwe, Helene von Breunig, geb. von Kerich, kümmerte sich in den späten 1780er Jahren um den jungen Ludwig van Beethoven: Er war oft Gast in ihrem Haus und gab der Tochter Eleonore Klavierunterricht. Beethoven blieb auch in Wien mit den Familien von Breuning und Wegeler in enger Freundschaft verbunden, siehe (Flörken, Franz Gerhard Wegeler. Ein Freund Beethovens. Reden und Schriften 2019).
[184] Siehe (von Breuning 1970, 15).

1777 Jan 15/16 Der Brand des Schlosses^{xlv}

Abb. 39: Der Brand des Schlosses, von Rousseaux

Von der Gartenseite aus gesehen; das Zentrum, vor allem der Südflügel, steht im Vollbrand.

1777 Jan 21 Zeitungsmeldung über den Brand in Bonn

»Vermischte Neuigkeiten von verschiedenen Orten.

Köln, den 17. Januar.

Die einstweiligen Umstände, welche man von dem unglücklichen Brande in dem Kuhrfürstl. Residenzschlosse erhalten, sind diese:

Es war am 15ten, nach 2 Uhr früh Morgens, als man die Flamme an dem Flügel, welcher gegen den Hofgarten zu liegt, bemerkete. In welchen Schrecken der Hof und die ganze Stadt durch den sich ausbreitenden Feuerslärm versetzt wurden, läßt sich nicht umständlich beschreiben. Von allen Seiten eilte man zur Hülfe, und die möglichen Rettungsmittel wurden bewerkstelligt. Des Herrn Ministers, Freyherrn von Belderbusch[185] Excellenz, alle Hofämter, Präsidenten, Cavaliere und Räthe dachten nicht nur allein auf die schleunigste Erfüllung ihrer Pflichten, sondern beeiferten sich aus reiner Liebe gegen den gnädigsten Landesherrn, alle in ihre Departements einschlagende Effecten zu retten, und dem Brande zu steuern. Bey diesen beklemmnten Umständen that sich der Deutsch-Ordens-Ritter, Herr Graf Joseph von Schaesberg, ausnehmend hervor.

S[ein]e Kuhrfürstl[iche] Gnaden begaben Sich bey dieser gefahrvollen Aussicht, durch welche Höchstdieselbe auf das empfindlichste gerührt worden, anfänglich in den Hofgarten, wo

---

[185] Caspar Anton Freiherr von der Heyden genannt Belderbusch (* 5. Januar 1722 in Montzen; † 2. Januar 1784 auf Schloss Miel bei Bonn) war Deutschordensritter und Landkomtur von Alden Biesen. Ab 1755 amtierte er als Hofkammerpräsident und seit 1767 als Premierminister von Kurköln.

Sie mit einer bewundernswürdigen Gegenwart des Geistes die mit den Hülfsmitteln eifrigst beschäftigten Unterthanen zu noch stärkerm Fleisse auffrischeten, doch endlich dem wiederholten Anflehen des Hofes und der Stadt, Ihrer theuersten Gesundheit gnädigst zu schonen, und sich von der Brandstätte zu entfernen, nachzugeben geruheten, und einstweilen Sich nach der Wohnung des Herrn Obriststallmeisters, Freyherrn von Forstmeister Excellenz [in der Wenzelgasse], hernächst nach dem Familien-Hotel des Herrn Ministers[186] begaben, wo Höchstdieselben bis zu weiterer Veranstaltung verbleiben werden.

Die Feuersbrunst griff inzwischen weiter um sich, so, daß das ganze Hauptgebäude samt der Hofkapelle in voller Glut stand, und von den Flammen aufgezehrt worden. Der Thurm, wo das Glockenspiel war, zündete das dem Kuhrfürstl. Schlosse gegenüber liegende Deutsche Haus, welches auch in einen Aschenhaufen verwandelt war, und die darin wohnenden Herren Cavaliere hatten kaum Zeit, sich zu retten. Das ostwärts an das Hauptgebäude anstossende Appartemente, welches Se. Kuhrfürstl. Gnaden bewohnten, auch die darneben anschliessende Gallerie und alles bis an das Michaelsthor, westwärts aber das *Buen-Retiro*, oder die sogenannte Katz, sind verschont, und in letzterm das kostbare Bett, nebst den übrigen Meublen, unversehrt, imgleichen das Archiv erhalten worden.

Dem unermüdeten Eifer der Bürgerschaft und der ununterbrochenen Thätigkeit der Besatzung an diesem unglücklichen Tage, welcher der Stadt Bonn durch die hin und wieder von dem Winde auf die Häuser und Kirchen auf einer Strecke von hundert Schritten bis an den folgenden Morgen geschleuderten Feuerbrände und Kohlen gleichsam den Untergang drohete, kann nicht Lob genug beygelegt werden. Sie haben die Gefahr, in welcher die wirklich gezündete St. Remigii Kirche, auch andere in gleichem Umstande sich befindliche Gebäude standen, kräftigst beschworen, und also die Einwohner samt ihrem Vermögen glücklich gerettet.

So viel man wirklich weis, zählet man, ausser vielen theils stark, theils gelind Beschädigten, 18 Personen, die an diesem schauervollen Tage das Leben eingebüsset, und unter denselben den wirklichen Hofrath Herrn Emanuel Joseph von Breuning, der sich bey den Rettungs-Anstalten selbst überwunden, und durch sein unvergleichliches Beyspiel alle Hände zur Nacheiferung angespornet hat. An diesem Herrn verlieret das Hochlöbl[iche] Hofraths-Dicasterium einen überaus würdigen Mann, und der gnädigste Kuhrfürst selbst ist über diesen Unglücksfall innigst gerührt worden.

Das trostreichste für die Stadt und das Erzstift bey diesen nicht genug zu bedauernden Umständen ist, daß Se. Kurfürstl. Gnaden sich, dem Höchsten sey Dank, wohl befinden. « (NN, Vermischte Neuigkeiten von verschiedenen Orten 1777, 4), wortgleich mit (NN, Nachrichten von verschiedenen Orten 1777, 4).

1777 Jan 20 Zeitungsmeldung über den Brand in Bonn

»Rheinstrom, den 18. Jan.

Durch ein von Bonn angelangtes klägliches Schreiben hat man bis zum Erstaunen vernommen, wie daß am 15. dieses nach 2 Uhr Morgens in dasig Kurfürstl[ichem] Residentz-Schloß eine schreckliche Feursbrunst, und zwarn an dem Flügel, welcher gegen den Hofgarten anschießet, ausgebrochen und alle angewendeter Hülfs-Mitteln ohngeachtet das gantze Haupt-

---

186 Der Boeselager Hof (zuvor Belderbuscher Hof) war ein barockes Stadtpalais in Bonn, das von 1715 bis 1719 als Erweiterung einer bis auf das 13. Jahrhundert zurückgehenden Hofanlage entstand und im Zweiten Weltkrieg 1943/44 zerstört wurde. Es befand sich am Rheinufer im sogenannten Rheinviertel südlich der später erbauten Rheinbrücke.

Gebäuw mit der Hof-Capelle den <4> Flammen zum Raub geworden seyen, wobey auch das dem Schloß gegen über gelegenen Teutschen Hauß [in der Strasse Am Hof] nicht verschont geblieben, als welches von dem Thurn, worauff das Glockenspiel war, angezündet, und gäntzlich vernichtet wurde; benebst vielen beschädigten Persohnen haben deren 18 ad 20 ihr Leben verlohren; wobey sich ein überaus würdiger Mann der würckliche Hofrath Herr Emanuel Joseph v. Breuning befindet; Se. Kurfürstl. Gnaden seynd jedoch dem Himmel sey gedankt noch bey guten Wohlseyn, Höchstdieselbe erhuben sich anfänglich in den Hofgarten, und hernach geruheten Sie sich nach dem Familien-Hotel des Herrn Ministers hinzubegeben.« (NN, Rheinstrom 1777, 3 f).

1777 Jan 15 Der Brand des Schlosses^{xlvi}

Abb. 40: »Insendie de la Residense«

l'insendie de la Residense de Bonn le 16 Janv 1777 a 11 ½ h[eures] du soire dens la Cour pres de la grand escaillé tombai la Cornisch et Ecrasé beaucoup de Monde

Jac Roussaux fait

Der Brand der Residenz Bonn am 16.01.1777 um 23:30 Uhr im Hof bei der grossen Treppe, das Gesims fiel und zerstörte sehr viel.

In einer Lücke in den Flammen oder dem Rauch ist die barocke Haube des Turms von St. Remigius sichtbar. Demnach ist in der Mitte die Strasse Am Hof und links die (erste) Schlosskirche zu lokalisieren.

Abb. 41: Der Brand von Rousseaux 1777

Prospect der Feuersbrunst in der Churfürstlichen Residenz zu Bonn 1777 15 Jan.

Vue de l'incendie de la Residence de Bonn le
15 Janvier 1777 du Coté du vieux Batiment
et de la Pagerie[187] et l'autre Coté de la Ville

F. Rousseaux delin[eavit] – gravé par Balth[asar] Frederic Leizel

Se vend à Augsburg aux Negoce [...] de l'Academie Imperiale d'Empire des Arts liberaux avec Privilege de Sa
Majeste Imperiale. Defense ni d'en faire ni de vendre les Copies.

Die Stadtseite des Schlosses, in der Mitte links die Einmündung der Fürstenstrasse.

---

[187] Pagerie ist die Bildungsanstalt für junge Adlige („Pagen").

1783 B. C. von Schoenebeck: »Mahlerische Reise am Niederrhein« [xlviii]

Das Bonner Schloss.

»Nun, jene Bibliothek legte der Kurfürst aus seinen eignen Mitteln an[188], und achtete keiner Kosten darum, dieselbe baldmöglichst vollständig zu machen. Auch an dem Aussenwerke wird nichts gesparet, aber nicht nur Pracht; auch Bequemlichkeit dabey zum Augenmerke genommen. Die Tischlerarbeit ist einem Klosterbruder, der ein geschmakvoller Künstler in seiner Art ist: die Einrichtung und Anordnung im Litterarischen aber dem kurfürstlichen Hofkammerrath, Herrn [Johann Philipp Neri Maria] Vogel, anvertrauet. Noch ist sie nicht zum gemeinen Gebrauche eröfnet; aber sie wird es, sobald man mit den Einrichtungen derselben zu Ende ist.

Unmittelbar an die Bibliothek stößt das Naturalienkabinet, dessen Zimmer über dem Stockheimer- oder Michaelsthor hergehen. Erst seit dem Jahre 1779 wird daran gesammelt: aber kein Mensch sieht ihm diese seine Jugend an, welches um so mehr zu bewundern ist, das es bey dergleichen Sammlungen nicht immer einzig auf die Großmuth, den Aufwand und den ernsten Willen des Sammlers, sondern auf hundert andere, sehr zufällige Umstände; auf Ohngefähr und Glück zugleich ankömmt, um sie vollständig zu machen. Nun aber traf alles dieses hier ziemlich zusammen. <25>

Schon Björnstähl – der doch manches europäische Naturalienkabinet mögte besuchet haben – fand das bönnische *sehenswerth, ob man gleich erst vor drey Jahren angefangen habe daran zu sammeln.*[189] Aber, wie sehr ist dasselbe seit jener Zeit gewachsen, und wie wächst es alle Tage!

Es soll dem Gerücht zu folge auch künftig, wie die Bibliothek, zum gemeinen Besuche geöffnet werden. Alsdann erst wird es den Aufwand, welchen es gekostet hat, hundertfach einbringen: wiewohl dieser auch ist, schon mehr als ersetzt, indem durch jene Sammlung der Geschmack an ähnlichen im Lande verbreitet worden ist, wodurch das vortrefliche Studium der Natur anders nicht, als sehr gewinnen konnte. […] Der Kurfürst bewahret auch hier verschiedene physische Instrumente auf, die durch jene, welche mit der obgedachten Mannschen Bibliothek hieher gekommen sind, einen Zuwachs erhalten haben.

Unter andern ist der grosse 4 ½ Fuß im Durchmesser haltende, und von dem kurfürstlichen Kammerdiener und Kunstdrechsler, Herrn Lefrevra, verfertigte Brennspiegel, aus den oben angeführten Björnstählischen Briefen bekannt.

Das Observatorium, welches der Kurfürst oberhalb dem Michaelisthor hat errichten lassen, ist durch ein Versehen des Zeichners, auf der Kupfertafel weggeblieben. Vielleicht, weil es seinem Dünken nach, nicht genug in die Augen fällt?

Dafür ragt der heil[ige] Michael mit seinem feurigen Schwerdte sichtbar genug heraus. Ob man ihm zu Ehren das Thor, wovon die Rede ist, nach seinem Namen nennen; oder ob man sein vergoldetes Bild, weil das <26> Thor vordem so hieß, darauf gestellt habe, weiß ich nicht, bemühe mich auch nicht, es zu erfragen, weil es hier nichts zur Sache thut. […]

---

[188] »Unter andern wird der Wittwe des sel[igen] stadtkölnischen Arztes Mann, ein Jahrgehalt von 100 Dukaten aus der Chatouille gereichet, wogegen die vortrefliche Sammlung ihres Mannes hierher kam.«
[189] »Björnstähls Briefe auf seinen ausländischen Reisen etc. Leipzig und Rostock 1782. 3ter Band, S. 323«; [siehe (Björnstaehl 1782)].

Gleich nach dem Naturalienkabinet folget im rechten Flügel jenes Chors, oberhalb der prächtige, auch von Max Friedrich erbaute sogenannte Akademiesaal, und unten erst das Schauspielhaus, und hierauf das Winterbehältniß der kurfürstlichen Orangerie.

Akademie nennt man beym Hofe zu Bonn, was man gewöhnlich anderwärts Concert nennet. Dieselbe pfleget hier, doch nicht alle Jahre, im Winter mit dem Schauspiel abzuwechseln. Man wolle dieselbe, des namens halber, nicht mit der Akademie verwechseln, welche Max Friedrich [1777] den Wissenschaften errichtet und gestiftet hat, und wovon wir anderswo züglicher reden werden.

Deutsches Schauspiel hatte man auch, bey den vorigen Regierungen, in Bonn noch nicht gehabt, ausser, was die beyden letztverstorbenen Clemens durch ihre Musikanten und Hofbediente von Zeit zu Zeit geben liessen, wo dann Stücke von obigem Schrot und Korne nichts seltenes waren. Von Joseph Clemens erzählet man gar, daß er seine Leute meist selbst, und oft sehr fühlbar, dressirt habe. Unter der letzten Regierung hat man vieles aus Franzosen und Italiener verwandt. Selbst noch unter diesem Herrn sind Gesellschaften aus jenen Nationen gewesen. Aber nun ist seit verschiedenen Jahren alles deutsch.

Das Haus selbst hat nicht viel besonders. Ehedem ließ sich das Parterre dem Theater gleich hoch heraufwinden, weil die Redouten darinn gegeben wurden, welche letztere nur in andern Sälen des Schlosses gehalten werden.

Nach dem Akademiesale folget die sogenannte Gallerie, ein mächtig langer Saal, den wieder Max Friedrich vollendet hat. <27>

Es ist diese Gallerie inzwischen kein Behälter seltener Gemälden von den ersten Meistern in der Kunst, zu welchem Begriffe wieder die Benennung verleiten könnte: wohl aber ein in geschmackvoller Pracht gebauter Saal, wo bey alle dem doch vortrefliche Gemälde u.d.gl. nicht mangeln, und der, bey ausserordentlichen Galla's zu öffen Tafel dient.

Hierauf kommen noch andere Säle, bis zu dem Hintertheile des ersten Thurmes – wovon bald mehr –, die aber nichts besonderes haben.

Untenher kommen die sogenannten Officien, als Kuchen, Zehrgadden, Konditorie u.d.gl. vor. –

Nun zu dem *Corps de Logis*, mit seinen beyden besondern Flügeln. Der erste oder linke[190] wird oberhalb vom Kurfürsten bewohnet, und gewähret demselben eine herrliche Aussicht in die schöne amphitheatralische Gegend, die den Horizont rundum schliesset.

Der andere oder rechte[191] Flügel, wird auch *buon Retiro*, und die Katze – von einem ehemals da gestandenen Werke – genannt. In den obern Gemächern ist das prächtige von Gold strozzende Bett[192], welches vornehmen Gästen angebothen zu werden pfleget. Die untern bewohnet, seit dem Schloßbrande vom 15ten Jänner 1777, der erste Staats- und Conferenz-Minister, Herr Reichsgraf [Caspar Anton] von Belderbusch.

Hintenan ist ein kleiner Garten, der eine doppelte Allee von wilden Kastanienbäumen, mit dem Schlosse zu Poppelsdorf vereiniget. Man sagt, Clemens August habe zwischenher eine Kanal oder Weyher wollen graben lassen, um nach der Abendtafel immer zu Wasser nach Poppelsdorf – denn hier schlief er, woher das Schloß auch Augustusruhe genannt wurde – fahren zu können.

---

190 Von der Seite des Hofgartens aus gesehen: der rechte.
191 Von der Seite des Hofgartens aus gesehen: der linke.
192 Lt. (Renard, Die Bauten der Kurfürsten Joseph Clemens und Clemens August von Köln, II 1896, 51) ist der Verbleib dieses Bettes unbekannt; wahrscheinlich hätten es die Franzosen verkauft.

Jener gräßliche Brand ließ die beyden Flügel, und, was wir bisher beschrieben haben, vollkommen unbeschädigt und unberührt: indem seine Wuth an den höhern mauern der drey Thürme – der vierte fehlte noch, bis zu jenem Tage des Unglücks – einen glücklichen Damm fand, und gehindert wurde, sich den niedrigen Dächern der Flügel auf beyden Seiten mitzutheilen.

Aber, was zwischen diesen Beschützern lag – ihre eigenen Dächer und Fächer nicht ausgenommen – wurde rundum, bis auf die Gewölber der untern <28> Dikasterialarchive- und Kanzleyzimmer, ein trauriger Raub der Flamme, die aller Gegenwehr trotzte, und unaufhaltsam Sachen und Menschen schlang und unter dem Schutt begrub. […]«

1789 J. G. Lang: »Reise auf dem Rhein von Mainz bis Andernach 1789«, Auszug[xlix]

[Bonn:]

»Wir landeten endlich in Bonn, einem alten, finstern, noch von Roms Kaisern oder vielmehr von ihren Feldherren erbauten Orte, der sich jezt weder durch Kultur der Natur noch des Geistes auszeichnet. Einsam und ist diese verrostete Festung, ob sie gleich von 12.000 Menschen <277> bewohnt werden soll. Krumm sind die Strassen, hässlich die Häuser, und bigott die Einwohner. Ich weiss mir nichts Unangenehmeres zu denken, als in Bonn einen halben Tag verweilen zu müssen, und hätte mich hier mein Xenophon nicht unterhalten, so wäre ich für langer Weile gestorben.

Unter den öffentlichen Gebäuden ist das kurfürstliche Schloss das schönste. Es sollte anfänglich sehr prachtvoll erbaut werden; aber es erstikte in seiner Geburt. Die Bibliothek darauf ist unbedeutend. Das Naturalienkabinet ist ungleich schöner. Vornehmlich zeichnet sich darin das mineralogische Fach aus; und vielleicht übertrifft diese Sammlung, deren grösster Theil vom Könige von Sicilien dem Kurfürsten geschenkt worden ist, alle andre ihres Gleichen. Versteinerungen erblikt man hier in Menge. <278> Bei dem Schlosse hat man auf das Siebengebirge ein vortrefliche Aussicht. Die Allee nach dem Lustschlosse des Kurfürsten, das ungefähr eine Viertelstunde von der Stadt entfernt ist, und einen kleinen Hügel herabläuft, gehört gleichfalls unter die Schönheiten der Residenz.«

1790 B. Leizelt: »Vue de la nouvelle Residence«[1]

Abb. 42: Die neue Residenz 1790

Prospect der neuen Residenz des Churfürsten von Kölln von der Franziskaner Seite anzusehen

Vuë de la nouvelle Residence de Bonn de S[on] A[ltesse] El[ectoral] de Cologne de la Coté des Recolects

Sogenanntes Guckkastenbild, das seitenverkehrt gezeigt wird. Der Bau an der Strasse Am Hof ist noch nicht wieder aufgebaut; erst in den 1920er Jahren wird die alte Höhe wiederhergestellt.

1790 B. Leizelt: »Vue de la nouvelle Residence de Bonn« (2) [ii]

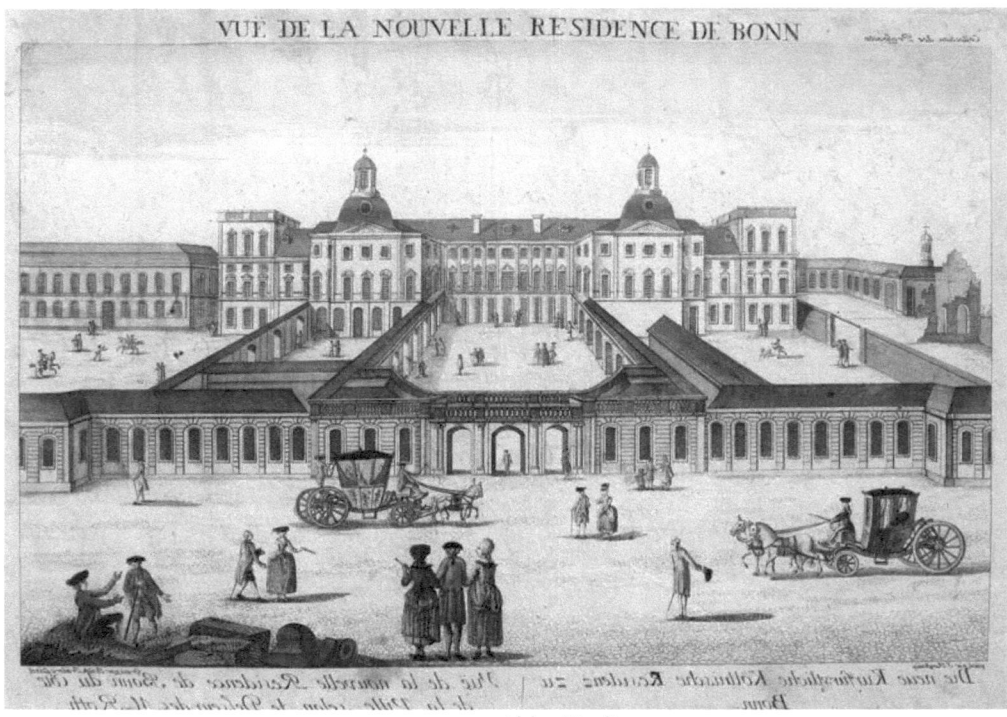

Abb. 43: dto.

Die neue Kurfürstliche Köllnische
Residenze zu Bonn

Vuë de la nouvelle Résidence de Bonn du
Coté de la Ville selon le Dessein de M. Roth

Von der Fürstenstrasse aus gesehen. Die Gebäudetiefe ist übertrieben.

Abb. 44: dto, Foto von vor 1925 ; (Becker 2004, 84)

Abb. 45: Die Universität vor 1926
vom Turm der Münsterkirche photographiert

1832 B. Hundeshagen: Eine Beschreibung des Nordflügels aus dem Jahre 1832

»Dieser Theil des Schloßgebäudes dient jetzt links dem Portal, theils zur Wohnung des Oberpedellen und des Castellans vom Universitätsgebäude, theils zum Fechtboden und vordem zur Officin einer Universitätsbuchdruckerei und nun zum Unterricht im Zeichnen; vor dem Brande befand sich hier das kurfürstliche Archiv, und oben auf die Hofrathsstube und übrige zur gerichtlichen und geistlichen Administration gehörigen Stellen. [...] Rechts dem Portal ist die Wohnung des andern Universitätspedellen und das übrige wird jetzt zu einem neu angelegten russischen Dampfbad und einem <115> Staubbad, auch zur Wohnung des Oekonomen der klinischen Anstalten und zum Gelasse des Polyklinikums benutzt; sonst fanden sich hier die zur kurfürstlichen Hofkammer gehörigen Lokale. [...] Aus der Halle tritt man in einen großen, einhundert sechs und dreißig Fuß langen und neunzig Fuß breiten Hof, der ringsum mit Arkaden umgeben ist, und wo die Glocke das Ende und den Wechsel der Lehrstunden anzeigt; sonst fuhren hier die Hofequipagen in dem Palast auf, und links wieder bei der Schloßwache, jetzt dem Fechtboden vorüber, durch eben so viele Thore wie an der Halle in die Stadt ab.« (Hundeshagen 1832, 115 ff)

1792 »Briefe eines Reisenden ...«, Auszug

»Wir giengen nach dem Schloss. Das ist ein prächtiges Gebäude, und sehr geräumig, ob es gleich nur zur Hälfte fertig da steht; denn nach der Absicht des Kurfürsten Clemens August

93

und einem noch aufbewahrten Plan, hat es bis zum Ufer des Rheins solle fortgeführt werden. <70> Im Jahr 1777 litt es durch Brand grossen Schaden, wurde aber gröstentheils wieder hergestellt. Die Haupt-Fasade ist nach jener schönen Gegend hingerichtet, die auf der einen Seite vom Rhein mit dem Sieben-Gebürge, auf der anderen von Poppelsdorf und den dahinter gelegenen Bergen bis zum Godesberg begrenzt wird. Der Garten ist regelmässig angelegt, hat zween schöne Bassins mit springendem Wasser, und auf beiden Seiten herrliche sich schlängelnde Alleen. Das Naturalienkabinet, das Physicalische, und die Bibliothek sind sehenswerth, und in dieser ist für Lesende alle Gemächlichkeit. Auch bestehet eine Lese-Gesellschaft[193], wo Liebhaber der Lecture zusammen kommen, und wo man Journale, periodische Werke, und sonstige litterarische Producte findet. Dass ein Theater hier ist, wißen Sie vermuthlich schon.« (NN, Briefe eines Reisenden an seinen Freund … 2022)

1798 Janscha/Ziegler: »Collection de cinquante Vues du Rhin …«, Auszug[iiii]

Abb. 46: Die Residenz von Janscha/Ziegler 1798

Vom alten Zoll aus gesehen, links der Kreuzberg, die barocken Hauben fehlen noch. Es ist der Zustand von vor 1794.

42. Churfürstliche Residenz zu Bonn

»Dieses prächtige Residenzschloss ward von Joseph Clemens von Bayern im Jahre 1717 angelegt, und von seinem Nachfolger, dem durch seinen Luxus berühmten Churfürsten

---

[193] Siehe (Maurer/Maurer, 200 Jahre Lese- und Erholungs-Gesellschaft Bonn 1787-1987 1987); (Wolfshohl 2018).

Clemens August aus eben diesem Hause, fortgesetzt. Im Jahre 1777 ward ein Theil davon ein Opfer der Flammen, der aber unter Maximilian Friedrich aus dem Hause Königseck wieder hergestellt worden ist.

Nach dem grossen Plane von Clemens August sollte sich dieser Pallast bis an die Ufer des Rheins erstrecken. Die Bauart daran ist schön. Die Hauptfassade geht gegen die mahlerische Gegend zu, die von der einen Seite vom Rhein und den sieben Bergen, und von der andern von Poppelsdorf und der Bergkette bis Gottesberg begrenzt ist. Die Gärten sind bey all ihrer Regelmässigkeit sehr reizend, und gewinnen noch durch eine schöne Terrasse und Wasserwerke.

Der westliche Theil, der den Namen *Buon retiro* führt, enthält Zimmer von ungemein prächtiger Meublirung, und ist nur zur Wohnung für hohe Reisende bestimmt. Der ungeheure Grossmeistersaal des Deutschen Ordens ist vorzüglich merkwürdig. Man findet dort alle Grossmeister, so wie sie auf einander folgten, abgemahlt. Den Theil gegen Osten bewohnt der jetzt regierende Churfürst. In diesem Theile ist das Naturalienkabinet und die churfürstliche Bibliothek besonders sehenswürdig. Das hier auf diesem Blatte zur Linken sichtbare Lustschloss ist Poppelsdorf oder Clemensruhe, welches bereits unter # 39 beschrieben worden ist.«

1794 – 1814 Das Schloss während der französischen Besatzung

Kurfürst Max Franz und seine Verwaltung flohen im Oktober 1794 vor den heranrückenden französischen Revolutionsheeren ins Rechtsrheinische. Das Archiv und die Schriftstücke der Kanzlei und der Registratur liess Max Franz auf Schiffe verladen und nach Recklinghausen bringen[194]. Die kurfürstliche Bibliothek, die auch den Bonner Studenten offen gestanden hatte, wurde ebenfalls über den Rhein in Sicherheit gebracht und später in Hamburg versteigert[195]. Über den Verbleib der Möbel und der sonstigen Einrichtungsstücke – wie z. B. Gobelins oder Spiegel – gibt es nur wenige Informationen. Man kann wohl annehmen, dass einerseits die Franzosen, andererseits Bonner Bürger[196] sich in dem leerstehenden Schloss bedient haben:

> Ein Vorfall machte im April [1813] großes Aufsehen in Bonn, denn es erschien plötzlich ein Specialkommissar der Polizei, um nach entwendeten Gegenständen aus dem Schlosse Haussuchung zu halten. Diese Diebstähle rührten noch aus dem Jahre 1794 her. Als nämlich der Kurfürst zum zweiten Male geflohen und die erste Trauer in den Herzen seiner Unterthanen verraucht war, begaben sich Massen Volkes in das Schloß, um sich die Herrlichkeiten daselbst anzusehen. Da keine Wache Ordnung hielt, so nahmen sich Viele Andenken an den Landesvater mit. Es waren nicht allein eine Menge vergoldeter Engelsköpfe und dergleichen Zierrathen, sondern schön geschnitzte Möbel, Vorhänge und andere in den Hauseinrichtungen zu verwerthende Gegenstände – später hatten die Franzosen auch mancherlei Sachen unter der Hand verkauft und verschenkt. Viele Gemälde, Marmor- und andere Gegenstände wurden jetzt

[194] (Hesse, Geschichte der Stadt Bonn während der französischen Herrschaft (1792-1815) 1879, 27).
[195] (Bendfeldt 1808).
[196] (Mikolajczak 2007, 129).

mit Beschlag belegt und fortgeschleppt. Man glaubte allgemein, daß dies in Folge einer böswilligen Anzeige geschehe.[liv]

Das hübsche *Buen Retiro* wurde jetzt entfremdet: als Zuckerfabrik des Herrn d'Anthoin, der dort die heimischen Zuckerrüben verarbeitete. Besser erging es dem Theater: Es wurde weiter nach seiner ursprünglichen Bestimmung benutzt[197]. Ständig wechselnde Truppen spielten überwiegend deutsche Stücke. (weiter → Seite 99).

1800 F. A. Klebe »Reise auf dem Rhein«, Auszug

»Jetzt ist Bonn ein todter stiller Ort, der nichts mehr hat, was den Fremden noch anziehen konnte, als die Ruinen seines ehemaligen Glanzes. Seine Bevölkerung hat sich durch die Auswanderung der meisten Hof- und Regierungsbeamten und des Adels beträchtlich vermindert, und der Nahrungsstand abgenommen. Jene betrug ehemals über 12.000 Einwohner, mag aber jetzt wohl bis auf 9.000 vermindert seyn. Das große Schloß des Kurfürsten mit seinen vielen Merkwürdigkeiten sieht aus wie das Mainzer und Coblenzer. Es waren hierin eine kostbare Bibliothek, die Meisterwerke der Literatur von allen Nationen enthaltend, ein physikalisches Cabinet und eine Sammlung von Naturalien, die zu den ersten in Teutschland gehörte. Die Säle und Zimmer, worin dies Alles aufgestellt war, standen mit dessen Werth in Verhältnis. Dann <306> sahe man noch in diesem Schlosse den Teutschen-Ordenssaal, den Akademie-Saal und das Theater. Aber alles dieses, alle Seltenheiten und Kunstwerke, die man hier verwahrte, sind verschleudert, gestohlen und vernichtet. Noch vor kurzem wurde die kurfürstliche Orangerie aus den Gärten bei dem Schlosse an den Meistbietenden verkauft. Der schönste Theil desselben, oder vielmehr der westliche Flügel, hieß ehemals *Buen retiro*.« (Klebe 1801)

1803 Präfekt Boucqueau über das Schloss und die kurfürstliche Universität[lv]

«Le chateau qui étoit la résidence de l'électeur, est remarquable; il pourroit d'autant plus favoriser quelques établissemens publics, qu'il est très-vaste, très-commode et encore en assez bon état. [35]

Tels furent les électeurs de Trêves et de Cologne. Ce dernier surtout, dirigé par les mêmes principes que Joseph II, son frère, réorganisa l'éducation vicieuse de la jeunesse; et l'université de Bonn, autant par les idées libérales qui s'y introduisirent, que par le mérite et les connaissances de ses professeurs, se distingua bientôt avantageusement parmi les universités catholiques de l'Allemagne. [120] »

1806 A. W. Schreiber: »Mahlerische Ansichten des Rheins ...«, Auszug

»Unter den öffentlichen Gebäuden in Bonn zeichnet sich besonders das ehemalige Residenzschloss aus. Seine Hauptfasade geht nach der reitzenden Rheinseite, und hat links den belebten Strom mit dem Siebengebürge, rechts die Höhen um Poppelsdorf und die Ruinen von

---

[197] (Ennen/Maurer/Valder-Knechtges 1989, 70 f).

Godesberg zur Ansicht. Am Erdgeschosse hin läuft eine heitre Terrasse mit Alleen und springenden Quellen. Das Schloss wurde vor einiger Zeit zum Wohnsitze für Lucian Bonaparte eingerichtet, und zeigt itzt weit mehr Pracht <45> in seinem Innern, als unter dem letzten Churfürsten [Max Franz], der in seiner Wohnung, wie in Sitten und Lebensweise, die grösste Einfachheit liebte. In einigen Sälen waren ehemals eine ausgesuchte Naturaliensammlung und die kostbare und trefflich eingerichtete Bibliothek aufgestellt. Beide sind zerstreut worden.

Unter dem ehemaligen Akademiesaal, worin die Konzerte gegeben wurden, befindet sich das Theater, einem Kellergewölbe ähnlicher, als einem Tempel der Musen. Orchester und Oper waren bei dem vormaligen Hofe recht gut besetzt, wie denn überhaupt in diesen Gegenden der Geschmack für Musik weit gebildeter ist, als für andere schöne Künste.« (Schreiber 1806)

1812 J. Herter: »Plan d'alignement de Bonn«, Ausschnitt[lvi]

Abb. 47: Plan d'alignement 1812

97

1806 Das Schloss ist jetzt ein *Lycée*

»Der Theil des Schloßmittelbaues von dem Balkon und der Madonna bis zum östlichen Schlußthurme war dem Lyceum überwiesen worden, dort wohnten die eigentlichen Zöglinge auch mit ihren Lehrern und wurden vollständig beköstigt. Die Verpflegung soll jedoch etwas spartanisch und dürftig gewesen sein. Die Zöglinge suchten sich in den Freistunden, wenn sie in dem Binnenhofe spielten, Nahrungsmittel von auswärts zu verschaffen. Sie steckten durch die Fugen der großen Pforte, welche sich nach der Franziskanerstraße befindet, Kupfermünzen, und Jungen aus der Stadt standen dort bereit, um für sie Waaren zu kaufen, die dann unter der Thür hergeschoben wurden. Eine in Bonn sehr bekannte Persönlichkeit, das sogenannte ›Appeltrinchen‹, hatte deshalb ihren kleinen Kram dort aufgestellt und machte gute Geschäfte. Dieselbe zog sich später nach dem Neuthor zurück und war bei den Studenten nach Gründung der Universität eine sehr beliebte Persönlichkeit, da sie für Alle offenes Konto im Kopfe hielt. Sie ist erst im Jahre 1867 gestorben. Die Lyceisten trugen eine blaue Uniform mit Käppi, Waffen und Fahnen, waren überhaupt ganz militärisch organisirt. Als später wegen des Krieges mit England der Indigo nicht mehr zu beschaffen war, erhielten sie graue Kleidung.« (Hesse, Geschichte der Stadt Bonn während der französischen Herrschaft (1792-1815) 1879, 242)

1808 Lehrer des Lyzeums[lvii]

Breuer	Wilhelm	Censor der Studien
Kanne	Heinrich	Prof. der lateinischen Sprache
Kügelgen		Proviseur
Lachaussée	Nikolas	Prof. der lateinischen Sprache
Lambert	Alexis	Prof. der mathematischen Wissenschaften
Ließem	Wilhelm	Prof. der mathematischen Wissenschaften
Pranghe	Johann	Prof. der lateinischen Sprache
Schneider	Adolph	Prof. der mathematischen Wissenschaften
Werner	Johann	Prof. der schönen Wissenschaften

Abb. 48: Urkarte 1812

1818 Das Schloss als Universitätsgebäude

Die Franzosen hatten schon die kurfürstlichen und die geistlichen Immobilien ver-
staatlicht bzw. an Privatleute verkauft oder verpachtet, die die Räumlichkeiten oft als
Werkstätten nutzten. Als das Rheinland im Wiener Kongress 1815 an Preussen[198] fiel, ging
dieses Vermögen an den preussischen Staat über.

Als nun das zielstrebige Preussen den (Wieder-)Aufbau einer Universität im Wes-
ten plante, bot sich Bonn geradezu an: dort hatten bereits Kurfürst Max Friedrich seit
1777 eine Akademie und ab 1786 Kurfürst Max Franz eine Universität unterhalten, die in
den wenigen Jahren bis 1798 einen ordentlichen Ruf[199] als aufgeklärte Hochschule erworben hatte – ganz im Gegensatz zu der Jahrhunderte alten Kölner Universität, die – am
Gängelband des katholischen Klerus[200] – als verzopft, primitiv und rückständig galt.

---

[198] Als der Kölner Abraham Schaaffhausen (1756-1824) 1815 erfuhr, dass das Rheinland durch den Wiener Kongress Preu-
ßen zugeschlagen wurde, soll er entsetzt ausgerufen haben: „Jesses Maria, do hierode mer ävver in en ärm Famillich!"
(„Jesus Maria, da heiraten wir aber in eine arme Familie!").
[199] Auch „dem Reiz des Bonner Schlosses [konnte sich] niemand entziehen": (Renger 1982, 28).
[200] (Düwell 1979, 499).

Genauso schlecht kamen damals bei den deutschen und internationalen Reiseschriftstellern die Einwohner Köln davon: bäurisch, brutal und mit einer ans Niederländische angelehnten Sprache[201]. Auch Goethe fand es 1815 sinnvoll, wenn Bonn Sitz der Universität würde:

> Wenn die Einwohner von Bonn ihre Stadt zum Sitz einer Universität empfehlen, ist es ihnen nicht zu verargen. Sie rühmen die Beschränktheit ihres Orts, die Ruhe desselben; sie beteuern die Achtung, welche dem Studierenden hier zu teil würde, als notwendigem und nützlichem Mitbewohner; sie schildern die Freiheit, die der Jüngling genießen würde in der herrlichsten Gegend, sowohl landwärts als rheinwärts und überrheinisch. [...]
>
> Diese und ähnliche Gespräche [mit Canonicus Pick in Bonn] wurden auf der Terrasse des Schloßgartens geführt, und man mußte gestehen, daß Aussicht von demselben entzückend sei. Der Rhein und Siebengebirge links, eine reich bebaute und lustig bewohnte Gegend rechts. Man vergnügt sich so sehr an dieser Ansicht, daß man sich eines Versuchs, sie mit Worten zu beschreiben kaum enthalten kann.[lix]

Und so unterschrieb der preussische König Friedrich Wilhelm III. am 18.10.1818 die Gründungsurkunde[202] der ›Preußisch-rheinischen Universität‹[203]. Schnell gewann die neue Universität eine beträchtliche Ausstrahlung durch die ersten Professoren[204]: Arndt, Niebuhr, Schlegel, Diez, Müller, Argelander, Windscheid, Bethmann-Hollweg, Ritschl, Dahlmann, von Sybel und Görres – um nur die bekanntesten zu nennen.

Das Gebäude bestand allerdings fast 150 Jahre auf der Nordseite, an der Strasse Am Hof, nur aus einem Erdgeschoss[205]; erst in den 1920er Jahren wurde auch diese Hälfte in der ursprünglichen Höhe wieder aufgebaut – bis dann 1944 alliierte Bomben einen großen Teil des Gebäudes zerstörten (weiter → Seite 124).

---

[201] Daran änderten auch Männer wie F.F. Wallraf, S. Boisserée und A. von Hüpsch nichts.

[202] Faksimile siehe https://cams.ukb.uni-bonn.de/public/UniBonn/urkunde/urkunde_1818.html.

[203] „Rheinische Friedrich-Wilhelms-Universität" erst ab 1828.

[204] Zur Besetzung der ersten Professorenstellen siehe die ausführliche Darstellung bei (Renger 1982, 92 ff).

[205] Siehe Abb. 43.

1818 Okt 18 Friedrich Wilhelm III. »Königlicher Kabinetsbefehl«ᴵˣ

»Dem Bestreben Meiner Vorfahren in der Regierung, durch sorgsame Pflege der Wissenschaft und durch heilsame Anordnungen für das Schul- und Erziehungswesen eine gründliche Volksbildung zu fördern, habe auch Ich seit dem Antritte Meiner Regierung Mich angeschlos-

sen. Die vollständige Ausführung Meiner desfallsigen landesväterlichen Absichten wurde durch die schweren Schickungen unterbrochen, welche die Vorsehung über Mich und Mein Land verhängte. Jetzt aber, nachdem unterm Beistande des Höchsten Friede und rechtliche Ordnung in Europa hergestellt ist, habe Ich jene, für die Grundlage aller wahren Kraft des Staats und für die gesammte Wohlfahrt meiner Unterthanen <15> höchst wichtige Angelegenheit wieder aufgenommen und ernstlich beschlossen, das ganze öffentliche Unterrichts- und Bildungswesen in meinen Landen zu einem möglichst vollkommenen, der Hoheit des Gegenstandes entsprechenden Ziele zu bringen. In Verfolgung dieses Zweckes habe ich die Mir von Ihnen vorgelegten, von dem Staatsminister von Altenstein ausgestellten Hauptgrundzüge eines desfallsigen, das Ganze umfassenden Planes genehmigt und demnach auf die höhern Bildungsanstalten und zwar ganz vorzüglich in den wieder gewonnenen und neu erworbenen westlichen Provinzen des Staats Meine Aufmerksamkeit gerichtet und nach reiflicher Erwägung aller zu nehmenden Rücksichten beschlossen, jetzt eine neue Universität, und zwar in Bonn, als dem angemessensten Orte²⁰⁶, zu begründen. Zu dem Ende, und um ein bleibendes Denkmal Meiner gegenwärtigen Anwesenheit in den Rheinlanden zu hinterlassen, habe Ich unter dem heutigen Tage die beiliegende Stiftungsurkunde der Universität Bonn eigenhändig vollzogen und dieser neuen Lehranstalt, indem Ich zugleich auch die ältern Universitäten in Meinem Reiche landesväterlich bedachte, eine solche Ausstattung gegeben, daß sie im Stande seyn wird, die Stelle, welche sie in Meinem Staate und im ganzen nordwestlichen Deutschlande einnehmen soll, mit Würde und Erfolg zu behaupten.

Es ist Mein ernstlicher Wille, daß die Universität in Bonn ungesäumt eröffnet werde, und ich erwarte von ihr mit Zuversicht, daß sie in dem von mir in ihrer Stiftungsurkunde bezeichneten Geiste wirke, wahre Frömmigkeit, gründliche Wissenschaft und gute Sitte bei der studierenden Jugend fördere und dadurch auch die Anhänglichkeit Meiner <16> westlichen Provinzen an den Preußischen Staat, je langer je mehr befestige. Ueber die Ausstattung und Vervollkommnung, welche Ich den übrigen wissenschaftlichen und Kunst-Anstalten in Meinem Reiche zu geben Willens bin, so wie über den Grundplan, nach welchem das gesammte öffentliche untere und höhere Unterrichts- und Bildungswesen in Meinen Landen zu Einem in sich selbst übereinstimmenden auf ein großes Ziel gerichteten Ganzen gestaltet werden soll, werde ich das erforderliche Speciellere, nach, von dem Staatsminister von Altenstein eingereichtem und von mir gebilligtem Plane, erlassen und denselben ermächtigen, das Nöthige zu seiner Zeit zur öffentlichen allgemeinen Kenntniß zu bringen, damit Mein treues Volk wisse und erfahre, wie Ich eine gleichmäßige, allseitige, ernste und tüchtige Bildung aller Meiner Unterthanen,

---

²⁰⁶ Zu der Vorgeschichte der Auswahl siehe neuerdings (Geppert 2018, 44 ff).

mir landesväterlicher Liebe bezwecke und solche als das sicherste Mittel betrachte, einem der wahren Wohlfahrt der Völker so höchst nachtheiligen, unruhigen und unfruchtbaren Getriebe zuvorzukommen und das Wohl und Gedeihen des Preußischen Staats hauptsächlich auf die sorgfältig geleitete Entwickelung aller seiner geistigen Kräfte auch fernerhin zu gründen, gesonnen bin.

Aachen, den 18. Oktober 1818.

Unterz. Friedrich Wilhelm.

An den Staatskanzler Herrn Fürsten von Hardenberg.«

1818 Plan der Universität[lxi]

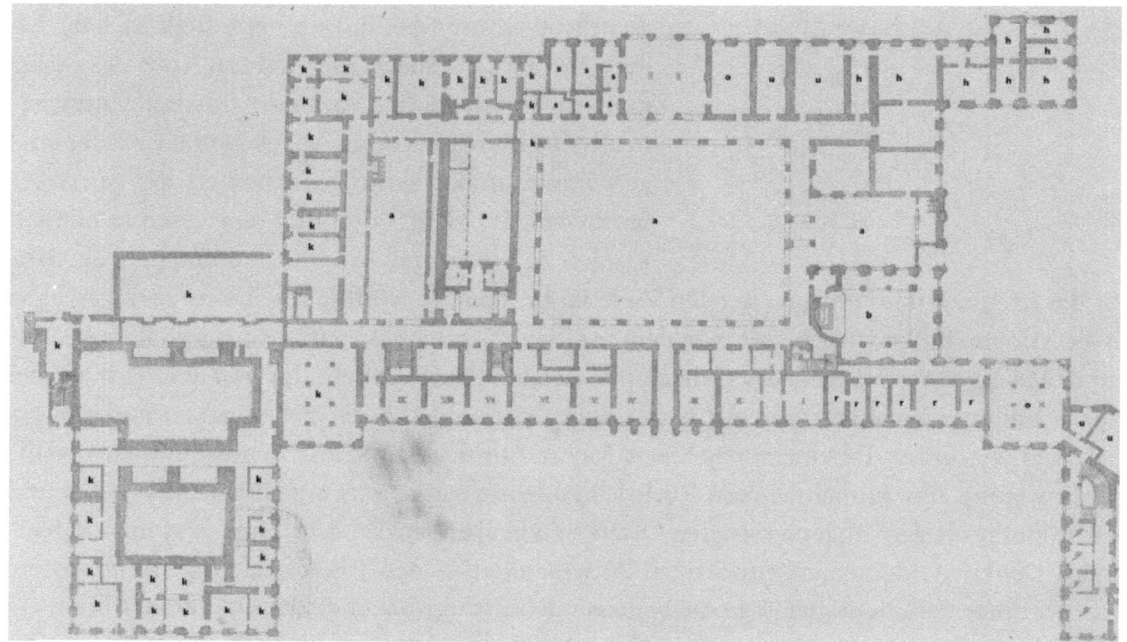

Abb. 49: Erdgeschoss

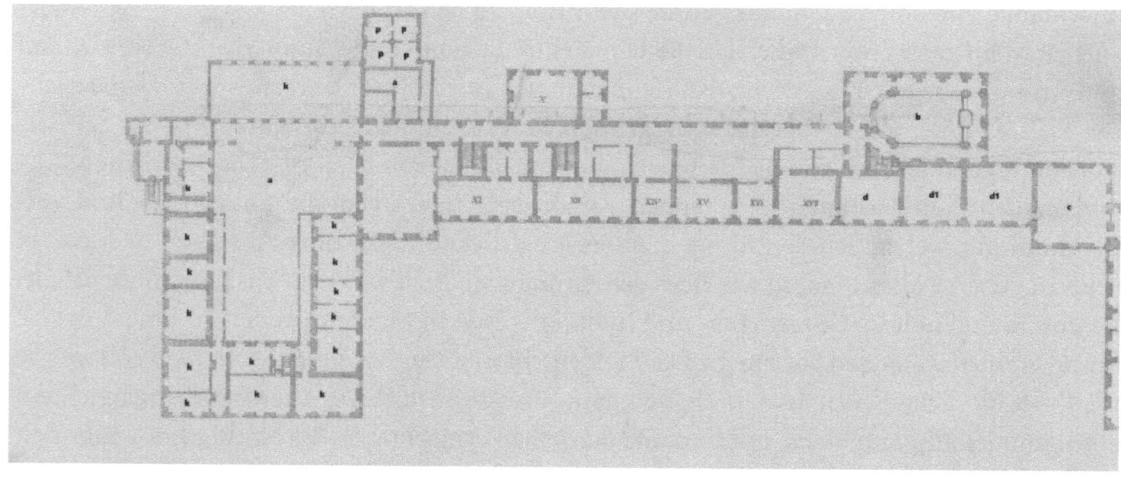

Abb. 50: Erstes Obergschoss

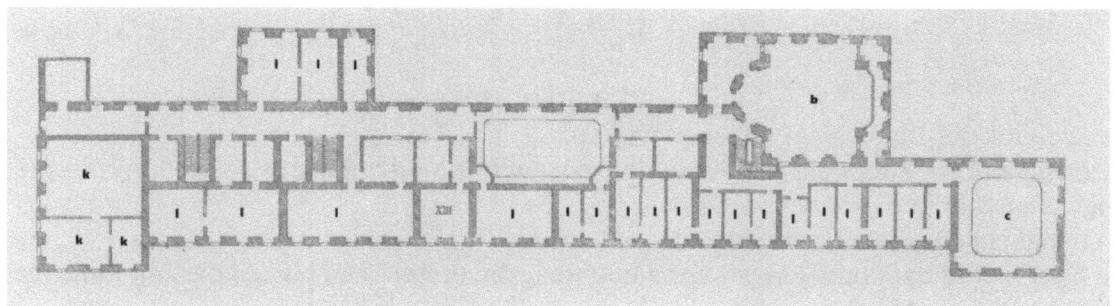

Abb. 53: Zweites Obergeschoss

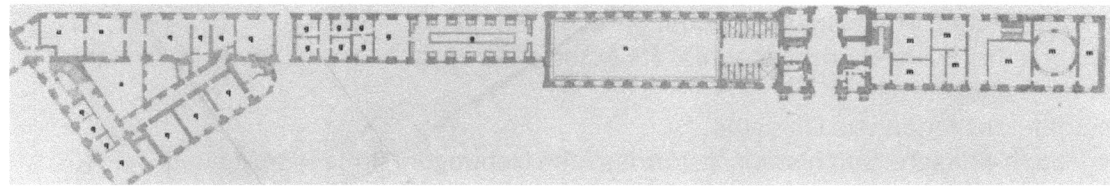

Abb. 52: Galerie, Erdgeschoss

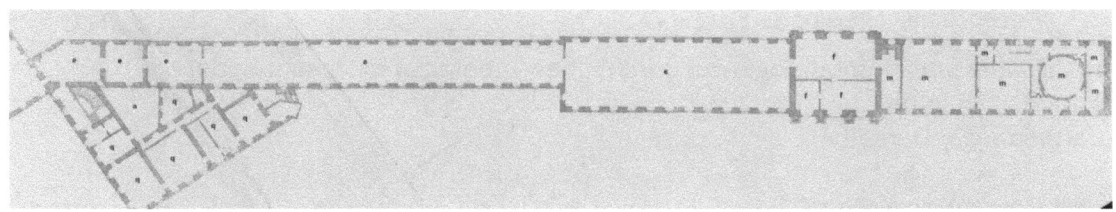

Abb. 51: Galerie, Obergeschoss

a	Hofräume	m	Anatomisches Institut
b	Evangelische Kirche	n	Reitbahn
c	Aula	o	Fechtsaal
d	Senats-Saal	p	Carcer
d1	Gerichts- und Secretariats-Zimmer	q	Wohnung des ausserordentlichen Regierungs-Bevollmächtigten
e	Bibliothek	r	Wohnung des Castallan
f	Museum für bildende Kunst	s	Wohnung des Pedellen
g	Museum Rheinische-Westphälische Alterthümer	t	für den Senats-Diener
h	Buchdruckerey	u	Räume für Brennmaterialien, Utensilien und Geräthe
i	Chemisches Laboratorium		
k	Clinische Anstalt	I – XVII	Auditorien
l	Gebähr Anstalt		

1819 April 19 »Vorlesungen auf der Königlich Preußischen Rhein-Universität im Sommerhalbjahre 1819«[lxii]

»Allgemeine Anleitung.

Anweisung zum Studium und Leben: Prof. Arndt.

Ueber Begriff und Bestimmung der Universitäten, als Einleitung in das akademische Leben: Prof. Freudenfeld.

Evangelische Theologie.

Propädeutik der Theologie: Professor Augusti.
Theologische Encyklopädie und Methodologie, nach Schleiermachers Darstellung des theologischen Studiums: Professor Sack.,
Kirchengeschichte: Professor Augusti.
Die Geschichte der christlichen Kirche und Religion, erster Theil bis auf die Zeit Karls des Großen: Professor Lücke.
Ausgewählte Psalmen: Professor Sack.
Die katholischen Briefe, in lateinischer Sprache: Professor Augusti.
Erklärung des Evangeliums Johannis, als Anfang des exegetischen Cursus N. Testaments: Professor Lücke.
Die Briefe des Johannes: Derselbe.
Exegetisch-kritische und historisch-patristische Uebungen: Professor Augusti.
Lateinische Disputirübungen über theologische Gegenstände: Professor Lücke. <280>

Katholische Theologie.

Encyklopädie und Methodologie der christlichen Theologie: Professor Seder.
Dogmatik: Derselbe.
Moraltheologie: Derselbe.

Rechtswissenschaft.

Encyklopädie und Methodologie, als allgemeine Einleitung in das Studium der Rechtswissenschaft: Professor Mackeldey.
Encyklopädie und Methodologie des Wissens und der akademischen Studien überhaupt, und insbesondere der Rechts- und Staatswissenschaften: Professor Welcker.
Naturrecht, verbunden mit Politik und Philosophie der positiven Gesetze: Derselbe.
Staatsrecht der christlich germanischen Völker und insbesondere des deutschen Vaterlands: Derselbe.
Geschichte und Institutionen des Römischen Rechts: Professor Mackeldey.
Geschichte des Römischen Rechts und Institutionen, nach Haubold: Dr. Burchardt.
Pandekten, nach Heise's Grundriß: Prof. Walter.
Katholisches Kirchenrecht: Derselbe.
Protestantisches Kirchenrecht: Dr. Burchardt.
Deutsches Privatrecht, mit Einschluß des Handels- und Wechselrechts: Professor Mittermaier.
Criminalrecht, gemeines deutsches, mit Vergleichung neuerer Gesetzgebungen, insbesondre des Französischen und Preußischen Rechts, nach Feuerbachs Lehrbuch: Derselbe.
Criminalrecht, nach Feuerbach: Professor Welcker.
Lehnrecht, nach Pätz: Professor Mackeldey.
Bürgerlicher Prozeß, gemeiner deutscher, mit Vergleichung des Preußischen und Französischen Verfahrens, nach Martin's Lehrbuch: Professor Mittermaier.
Ueber summarische Prozesse: Derselbe.
Mündliche Unterredungen über die von ihm angezeigten Privatvorlesungen: Professor Welcker.
Repetitorien und Examinatorien: Dr. Burchardt.

Arzneiwissenschaft.

Kritische Encyklopädie der Medicin: Professor Windischmann. <281>
Osteologie und Syndesmologie: Professor Mayer.
Physiologie: Professor Bischoff.
Physiologie des Menschen: Professor Mayer.
Biologie und Anthropologie, so viel zur Begründung der Staats-Arzneiwissenschaft erforderlich ist, und Staats-Arzneiwissenschaft (gerichtliche Medicin und medicinische Polizei): Professor Bischoff.
Gesundheitserhaltungskunde: Professor Harleß.
Specielle Therapie, erster Theil: Derselbe.
Anleitung zur medicinischen Praxis: Derselbe.
Receptirkunst: Professor Bischoff.
Chirurgie: Professor von Walther.
Chirurgische Instrumenten - u. Operationslehre: Ders.
Von den Augenkrankheiten: Derselbe.
Das chirurgische und Augenkranken-Klinikum in der demselben gewidmeten Hospitalanstalt: Derselbe.
Curs von chirurgischen Operationen an Leichnamen: Derselbe.
Die Lehre von der Schwangerschaft des Menschen: Professor Stein.
Die Lehre der Theorie und Praxis der Geburtshülfe: Derselbe.
Praktische Uebungen in der bald zu eröffnenden Lehranstalt der Geburtshülfe: Derselbe.
Nöthige Vorerinnerungen und Beherzigungen bei dem Studium und der Ausübung der magnetischen Heilkunst: Professor Windischmann.
Repetitorium der Anatomie: Professor Mayer.

Philosophie.

Allgemeine Einleitung in das Studium der Philosophie: Professor van Calker.
Reine und angewandte Logik, nach Fries' Grundriß: Derselbe.
Metaphysik, oder die Philosophie der Natur, der Sitten und der Religion, nach seinem Lehrbuche: Urgesetzlehre etc.: Derselbe.
Die zweite Hauptabtheilung des Systems der Philosophie, die Ethik: Professor Windischmann.
Die Geschichte der Philosophie der ersten christlichen Zeit, des Mittelalters und der neuern Zeit: Derselbe.
Allgemeine Geschichte der Philosophie: Dr. Steingaß. <282>
Platons Lehren über die göttlichen u. menschlichen Dinge: Professor Delbrück.

Mathematik.

Die Elemente der Mathematik, nach Hauff's Lehrbuche der Arithmetik u. Euklides Elementen: Prof. Diesterweg.
Algebra, nach L'huilier's Anleitung: Derselbe.
Geometrische Analysis über Euklides Data von Schwab: Derselbe.
Ebene Trigonometrie, nach Pfleiderer: Derselbe.

Astronomie.

Die Hauptlehrsatze der Astronomie in geschichtlicher Folge, mit kurzer Angabe ihrer Gründe: Prof. von Münchow.

Naturwissenschaften.

Encyklopädische Uebersicht der gesammten Naturwissenschaft, als Einleitung über einzelne Lehrzweige derselben: Professor Kastner.

Encyklopädie der gesammten mineralogischen Wissenschaften: Professor Nöggerath.

Reine Chemie, nach seinem Lehrbuche: Prof. Kastner.

Experimentalphysik, nach seinem Grundriß: Derselbe.

Geschichte der Chemie: Professor Gustav Bischof.

Technische Chemie und Metallurgie, nach Hildebrandts Lehrbuche: Derselbe.

Analytische Chemie in Verbindung mit Stöchiometrie, nach seinem Lehrbuche der letztern: Derselbe.

Botanik, nach Sprengels Anleitung etc., und botanische Excursionen: Professor Nees von Esenbeck.

Geologie: Professor Goldfuß.

Oryktognosie: Professor Nöggerath.

Bergbaukunst: Professor Goldfuß.

Zoologie, nach eigenem Handbuche: Derselbe.

Untersuchungen über das Nachtleben des Menschen: Professor Nees von Esenbeck.

Naturwissenschaftliche Unterhaltungen in Verbindung mit seinen Freunden, den Prof. Kastner, Goldfuß, Bischof und Nöggerath: Derselbe.

Philologie.

Allgemeine Einleitung in das philologische Studium: Professor Heinrich. <283>

Litteraturgeschichte der Griechen und Römer: Professor Näke.

Sophokles' Antigone: Derselbe.

Demosthenes' Rede wider Midias, mit geschichtlicher und rhetorischer Einleitung: Professor Heinrich.

Die Satiren des Horatius: Derselbe.

Tacitus' erster Bücher der Annalen: Professor Näke.

Die Hesiodische Theogonie, nach eigener Ausgabe, im philologischen Seminar: Professor Heinrich.

Properzische Elegien, in demselben: Professor Näke:

Philologische Ausarbeitungen und Disputirübungen im Philolog. Seminar: die Professoren Heinrich und Näke.

Allgemeine Sprachenkunde.

Ursprung und Verwandtschaft aller Sprachen der Erde, als Einleitung in das Sprachenstudium und die Geschichte der Völker: Professor Radlof.

Morgenländische Sprachen.

Anfangsgründe der Arabischen Sprache: Professor Freytag.

Hebräische Sprachlehre: Derselbe.

Anfangsgründe der Persischen Sprache: Derselbe.

Neuere Sprachen.

Russische, Englische und Französische Sprache: Prof. Strahl.

Italienische, Spanische und Portugiesische Sprache: Professor Freudenfeld.

Redekünste.

Geschichte der schönen Litteratur in Italien, Spanien, Frankreich und England, vom Mittelalter bis auf die heutige Zeit: Professor von Schlegel.

Uebungen in der Wohlredenheit: Professor Delbrück.

Anweisung über politische Angelegenheiten richtig zu urtheilen und gehörig zu sprechen, durch Erklärung der Reden des Thucydides: Derselbe.

Bildende Künste.

Theorie und allgemeine Geschichte der bildenden Künste: Professor von Schlegel. <284> {Vorlesungen über Archäologie der Kunst, so wie über Griechische Sprache und Litteratur, wird der Professor F. G. Welcker bald nach seiner Ankunft anzeigen.}

Geschichte.

Allgemeine Kulturgeschichte: Professor Hüllmann.

Staatsrecht des Alterthums: Derselbe.

Allgemeine Uebersicht der Indischen Alterthümer und Litteratur: Professor von Schlegel.

Urgeschichte der Teutschen und ihrer Sprache: Professor Radlof.

Geschichte des Teutschen Reichs und Volks: Professor Arndt.

Geschichte Deutschlands im Mittelalter, mit vorzüglicher Rücksicht auf das Staatsrecht: Professor Hüllmann.

Geschichtliche Darstellung des religiösen und politischen Zustandes der Völker des südlichen Europa, mit besonderer Hinsicht auf Sprache und Litteratur: Prof. Freudenfeld.

Geschichte unserer Zeit und Entwickelung ihres Geistes und Strebens: Professor Arndt.

Staatswissenschaft.

Philosophische Staats - u. Rechtslehre: Dr. Steingaß.

Uebersicht der verschiedenen Staatstheorien in Deutschland: Derselbe.

Statistik.

Allgemeine Statistik von Europa, insbesondre von Rußland, England und Oestreich: Professor Strahl.

Zeichnende, gymnastische Künste u. a.

Unterricht im Zeichnen ertheilt der zum Zeichnenlehrer ernannte Großhrzgl. Hessendarmstädtische Hofmaler Raabe, sobald er von seiner Kunstreise zurückgekehrt seyn wird. Der Unterricht im Reiten wird in diesem Semester schon eröffnet werden können, und auch für Unterricht in der Musik, und in der Fecht- und Tanzkunst wird ehestens gesorgt seyn.

Besondere akademische Anstalten und Sammlungen.

Die Königliche Universitätsbibliothek steht für Jedermann offen an allen Wochentagen, Mittwoch und <284> Sonnabend von 2 – 4 Uhr, an den übrigen Tagen von 11 – 12, und bietet Bücher zum Gebrauch unter den bestehenden gesetzlichen Bedingungen.

In der Anlage sind begriffen: das physikalische Kabinet, das chemische Laboratorium, der botanische Garten, das naturhistorische Museum, die Mineraliensammlung, die Sternwarte, die klinischen Anstalten für Ausübung der Arzneiwissenschaft und Chirurgie, das Museum für Kunst und Alterthümer. Alle übrigen, der Universität nöthigen, Institute und Sammlungen sollen angezeigt werden, so wie ihre Eröffnung vorschreitet.

Von dem bereits eröffneten philologischen Seminar s[iehe] m[ehr] unter Philologie.

Den 19. April nehmen alle Vorlesungen ihren Anfang.«

1832 B. Hundeshagen: Anatomie und Universität[lxiii]

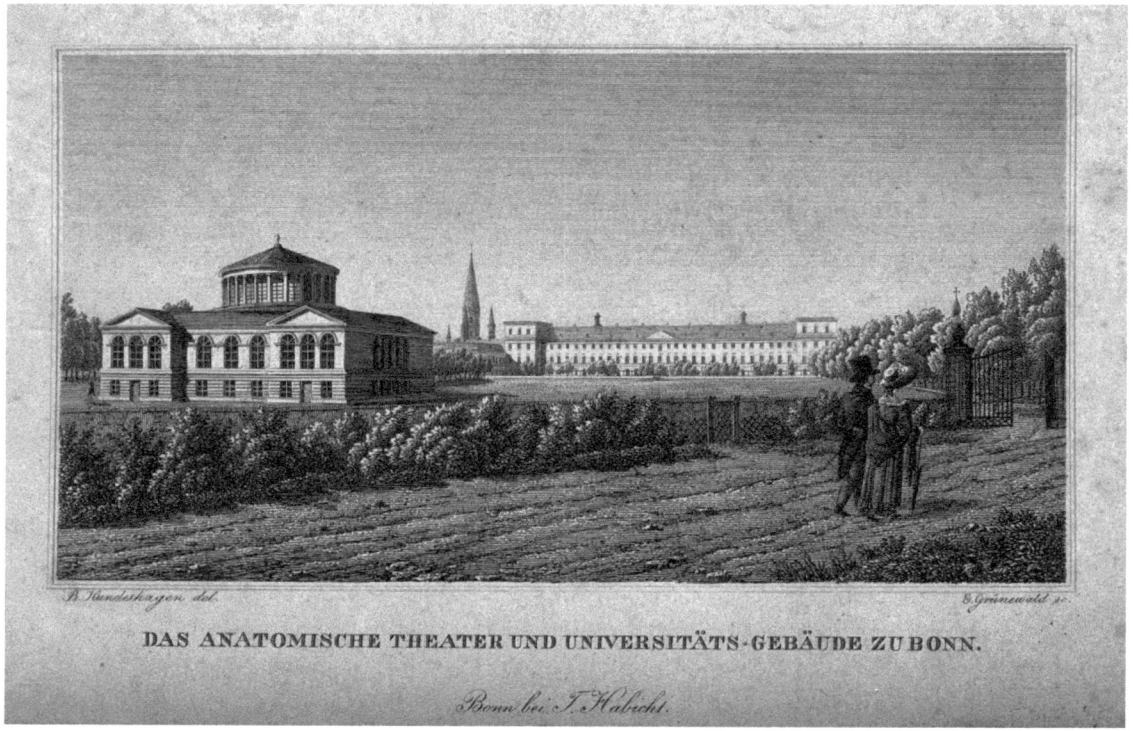

DAS ANATOMISCHE THEATER UND UNIVERSITÄTS-GEBÄUDE ZU BONN.

Abb. 54: Anatomie und Universität von Hundeshagen 1832
B. Hundeshagen del[ineavit] – E. Grünewald sc[ulpsit]

Von der Hofgartenwiese aus gesehen; das ehemalige Schloss hat noch nicht wieder seine Türme.

»Einen nicht minder bedeutenden Theil der vormaligen Schloßlokalitäten nehmen die chirurgischen und medizinischen Kliniken in der westlichen Abtheilung derselben ein. Es ist hierzu ein besonderer Eingang, der von Norden an der vorgemeldeten Wohnung des Oekonomen derselben und an dem Polyklinikum, worin die allenthalben herbeiströmenden Leidenden aus der geringeren Volksklasse vorerst wahrgenommen und zur Heilanstalt ausgesondert werden, vorüber gerade auf ein besonderes großes Gebäude, das ehemalige Ballhaus, führt. Darin befindet sich unterhalb die Küche und Oekonomiegelasse, oberhalb aber der chirurgische Operationssaal, woran einerseits das Patientenzimmer, anderseits das Kabinet mit der reichen Sammlung von chirurgischen Instrumenten und Bandagen, wie sie wenige deutsche Universitäten besitzen mögen, eingerichtet ist.

Von hier kommt man einerseits zu dem vorbeschriebenen großen Krankensaal in dem ehemaligen Thurmsaal des Hauptbaues, und von da in die zu vier Krankenzimmer eingerichtete ehemalige Deutschordensgallerie, woran sich noch an zwölf größere und kleinere Krankenzimmer und Apertinenzien schließen, welche alle die schönste Aussicht in die umliegende Gegend haben, und selbst im Innern ihres geschlossenen Beringes noch eine kleine anmuthige Gartenanlage in sich fassen. In diesem Lokale finden unbemittelte mit merkwürdigen und lehrreichen Uebeln behaftete, insbesondere Augenkranke, umsonst Pflege und Heilung in den Kliniken, und bemittelte Leidende gegen Bezahlung eine passende Aufnahme in dem ebenfalls vorhandenen Hospitalklinikum.

Es war dieser Flügelbau des Schlosses bis zu seiner jetzigen Veränderung und neuen Bestimmung, die jedoch zuerst für die physikalischen und naturhistorischen Anstalten <119> und Sammlungen sein sollte, während der französischen Herrschaft ganz in der baulichen Einrichtung belassen worden, worin derselbe in der kurfürstlichen Zeit bestanden hatte. Er machte früher ein den häuslichen Bedürfnissen des geistlichen Kurfürsten oder Erzbischofes, der sich hier auf seine Person zurückzog, sehr angemessenes Ganze aus, welches daher auch den Namen Buen Retiro führte.« (Hundeshagen 1832)

1839 »Die rheinische Friedrich-Wilhelms-Universität zu Bonn«, Auszug

»B. Allgemeine Beschreibung des Schlosses.

Drei Gebäude dienen gegenwärtig theils zu den wissenschaftlichen Vorträgen, theils zur Aufbewahrung der Sammlungen, und zum Locale für die verschiedenartigen Institute, theils zu den Wohnungen der Beamten. Das Hauptgebäude bildet das ehemalige kurfürstliche Residenzschloss, ihm schliesst sich das Poppelsdorfer Schloss, Clemensruhe, die Anatomie und die in der Anlage begriffene Sternwarte an. Das erste wurde von dem drittletzten Kurfürsten Clemens August auf den Ruinen eines ähnlichen früheren Pallastes und alter Festungswerke gebaut, nachdem schon sein Vorgänger Clemens dazu den Grund gelegt. Im Jahre 1777 durch einen furchtbaren Brand fast vernichtet, wurde es von Maximilian Friedrich und Maximilian Franz wiederhergestellt, blieb jedoch weit hinter der alten Pracht <9> zurück. Nachdem es in der französischen Zeit zu einem Lyceum und einer Zuckersiederei benutzt worden und durch den unbewohnten Zustand allmählich zu zerfallen drohte, ist es, durch die Bestimmung zu den akademischen Zwecken gerettet, nun das prachtvollste, luftigste und geräumigste Gebäude, welches deutsche Universitäten aufweisen können.

In seiner jetzigen Gestalt kann man es füglich in zwei Hauptkörper scheiden, einmal in das Centralgebäude mit seinen vorspringenden Thürmen und Flügeln, dann in den grossen Schlossflügel, der von der Aula ausgehend sich bis nahe an das Rheinufer erstreckt. Das Centralgebäude besteht aus einem länglichen Rechtecke, dessen mittlere Façade, nach dem Siebengebirge gerichtet, aus drei übereinander emporsteigenden Stockwerken gebildet wird, deren unterstes und oberstes acht und zwanzig, deren mittleres neun und zwanzig Fenster nach den blauen duftigen Höhen des Gebirges erschliesst. Das Material des Baues bildet der Backstein; Sockel, Säulen und Fensterrahmen sind aus Trachyt; nur wenige Marmorplatten findet man noch als Spuren des alten Glanzes. Diese mittlere Façade, welche die meisten Zuhörersäle, das Senatszimmer, das physikalische Cabinet, die Quästur und geburtshülfliche Klinik u. s. w. enthält, wird von beiden Seiten gestützt durch zwei Thürme, die Statt des Daches ein viertes Stockwerk, drei Fenster breit, dem Auge des Beschauers darbieten. In dem östlichen Thurme befindet sich zu ebener Erde das geräumigste Auditorium , das auf vier Säulen die Aula trägt, welche die beiden verbundenen mittleren Etagen <10> ausmacht. In dem westlichen Thurme befindet sich ebenfalls im Erdgeschosse das Museum rheinisch-westphälischer Alterthümer, über diesem ist der Hauptkrankensaal der medicinischen Klinik, darüber ein Theil der geburtshülflichen. An diese beiden Thürme lehnen sich rechtwinklig die beiden fast quadratisch gebauten Flügel an, die nach Süden bloss zwei Stockwerk hoch vorspringen. Der westliche Flügel, auf der Stelle eines alten Bollwerks, der Katze, angelegt, diente vormals mit seinen reich verzierten Sälen zur

Haushaltung des Kurfürsten, und enthielt unter andern eine Deutschordensmeister-Gallerie, worin die Bildnisse aller Ordensmeister in Lebensgrösse hingen. Gegenwärtig dient er zu den medicinischen und chirurgischen Kliniken. Der östliche Flügel, früher die Maus genannt, scheint zwar äusserlich für den flüchtigen Anblick dem gegenüberliegenden völlig gleich, ist aber in Einzelheiten besonders in Hinsicht der Grösse verschieden; denn nach der Stadtseite wird er durch das Bibliotheksgebäude durchschnitten. Gegenwärtig ist es die Wohnung des königlichen Regierungs-Bevollmächtigten. Die ganze Façade dieses Centralbaues bietet eine Längenreihe von mehr als fünfzig grossen Fenstern dem Auge dar.

Wenden wir uns nach der Stadtseite, so erblicken wir hier von der Fürstenstrasse aus kommend ein dreifaches Auffahrtsthor mit langen Seitengebäuden, welche aber nur aus Erd-geschossen bestehen, und die Wohnungen der Pedelle, den Zeichnensaal, Fechtboden und die Poliklinik umfassen. Zwischen diesen und dem eben geschilderten Hauptbau liegt eine <11> freie luftige Kreuzhalle, durch welche man in das Innere gelangt. {Oestlich und westlich wird sie von zwei Vorsprüngen des Schlosses flankirt, deren einer die evangelische Kirche bildet.} Hier nun liegen siebzehn verschiedene geräumige Hörsäle, von denen die meisten an 50, an-dere selbst 150 - 300 und mehr Zuhörer fassen, fast alle nach den grünen Rasen des Hofgartens und der Fernsicht aufs Gebirge gerichtet. Eine nähere Erwähnung verdient aber der Saal für die akademischen Feierlichkeiten.

Die Aula, zu kurfürstlichen Zeiten der Speisesaal, liegt wie schon bemerkt im östlichen Thurme des Hauptbau's, und ist zu den öffentlichen Reden und Handlungen der Universität bestimmt, obgleich diese meist in der anstossenden kleineren *Aula vicaria* vor sich zu gehen pflegen. Sie ist daher mit vier grossen Wandgemälden *al Fresco* geschmückt, welche die vier Facultäten repräsentiren. In der theologischen theilt der die Theologie darstellende Genius das ganze Bild in zwei Gruppen, deren eine mehr das contemplative innere Gefühls- und Asceten-leben des Katholicismus, die andere die forschende Verstandesrichtung des Protestantismus darstellen soll. An diesem Bilde, zu dessen Carton Cornelius die Grundidee hergegeben haben soll, haben drei seiner Schüler, Förster, Götzenberger und Hermann, gearbeitet. Die mit[t]lere Wand enthält die juristische und medicinische Facultät. In der juristischen ist ebenfalls eine Zweitheilung, die von römischem und deutschem Rechte der Grundgedanke der Gruppirung. Die medicinische mit dem <12> dunkeln Bilde der ägyptischen Isis spricht durch ihren wir-kungsvollen Reichthum an Licht und Schatten an. Die philosophische endlich, der theologi-schen gegenüber, versammelt an der Quelle der Wahrheit die Repräsentanten der bildenden Künste so wie der Poesie, und all jener Wissenschaften überhaupt, die gegenwärtig in ihren Kreis gezogen werden. Mit phantastischen geistvollen Arabesken hat der Maler Götzenberger diese Bilder, welche gewissermassen eine Geschichte der Wissenschaften bilden, und wovon er die drei letzten selbstständig ausgeführt hat, umrankt.

Ausser diesem Centralgebäude des Schlosses haben wir zweitens den länglichen Aus-läufer nach dem Rheine hin zu betrachten, der in stumpfem Winkel an jenes sich ansetzt. Als idealen Mittelpunkt desselben kann man das Coblenzer {auch Stocken- oder Michaels-} Thor betrachten, die mit Säulen und Genien reich verzierte südliche Einfahrt der Stadt. Zur Linken derselben eröffnet sich für den Eintretenden die Reitbahn, das ehemalige Local für das kur-fürstliche Theater. Diesem zunächst liegt zu ebener Erde das Gypsmuseum nebst der Wohnung des Bibliothekdieners u. s. w. Ueber Reitbahn und Gypsmuseum aber erstrecken sich die beiden mächtigen Säle der Bibliothek, von beiden Seiten mit langen Fensterreihen versehen, nebst zwei anderen zur Verwaltung derselben nothwendigen Gemächern. Rechts vom Eintretenden befinden sich die Räume des Conviktoriums, das südlich von den schattigen Anlagen des alten Zolls umhegt wird. […]

<39>

Zu diesen [Seminaren] gehört 1) **das philologische Seminar**, an dessen Spitze ein Direktor {jetzt Prof. Welcker} und ein Inspektor steht. Dasselbe soll durch philologische Uebungen Studirende sowohl tiefer in die Alterthumswissenschaft einführen, als auch zu praktischen Schulmännern durch lebendige Rede und Gegenrede heranbilden. Zu diesem Zwecke wird wöchentlich zweimal ein lateinischer und ein griechischer Schriftsteller abwechselnd von einem der Mitglieder – deren acht ordentliche seyn können – in lateinischer Sprache erklärt, einmal eine eingelieferte Arbeit kritisirt und besprochen, so dass einer der Vorsteher Erklärung und Unterredung lenkt und berichtigt. Nicht jeder Eintretende wird aber sogleich ordentliches Mitglied, sondern ist zuerst Auscultant [=Hörer], dann ausserordentliches Mitglied und wird erst durch eine Befähigung ordentliches. Das Seminarium hat, wie alle folgenden Anstalten, noch eine kleine Handbibliothek. Zur Unterstützung für die ordentlichen Mitglieder ist die Summe von 350 Thalern jährlich ausgesetzt.« (NN, Die rheinische Friedrich-Wilhelms-Universität zu Bonn 1839, 8 ff)

1839 Haupteingang^{lxiv}

Abb. 55: Der neue Haupteingang

1839 Koblenzer Tor

Coblenzer Thor.

Abb. 56: Das Koblenzer Tor

1839 Aula

Aula.

Abb. 57: Die Aula, bei einem Vortrag

1839 Bibliothek

Abb. 58: Die Universitätsbibliothek, im Galerieflügel zum Rhein hin

1839 Innenhof[207]

Abb. 59: Der Innenhof

1839 Konvikt

Convictorium.

Abb. 60: Das Convictorium

1849 C. Baedeker über Bonn und die Universität

»Während der französischen Zeit sank Bonn zu kümmerlichem Dasein. Die Zahl der Einwohner verminderte sich von 9500 auf 7500; sie beträgt jetzt über 16,500 (an 3000 Protestanten, 800 Studenten). Die Stiftung der Rheinischen Friedrich-Wilhelms-Universität im J[ahr] 1818 hat neuen Glanz über Bonn verbreitet. „Auch fernerhin bin ich gesonnen, das Wohl und Gedeihen des preußischen Staates hauptsächlich auf die sorgfältig geleitete Entwickelung aller seiner geistigen Kräfte zu gründen", lauten des Königs Worte in der Stiftungsurkunde. Niebuhr, Hasse, Hermes, Mackeldey, Heinrich, Näke, Nees von Esenbeck, Augusti, Hüllmann, A. W. von Schlegel, Goldfuß haben hier gewirkt und gelehrt; wer hätte nicht ihre Namen gehört! Aber auch unter den lebenden Professoren sind Männer, welche europäischen Ruf haben. In neuerer Zeit ist die Universität Bonn vielfach von deutschen Fürstensöhnen besucht worden. Ganze Straßen mit ansehnlichen stattlichen Gebäuden sind besonders an der Südseite im Laufe der letzten Jahrzehnte entstanden; das Innere der Stadt hat eine ganz andere Gestalt erhalten. Das alte Bonn ist nur in den engen Gassen des nördlichen Stadttheils noch zu erkennen, schöne alterthümliche Häuser sind aber auch hier wegen der häufigen Belagerungen selten.

Die Vorlesungen werden sämmtlich mit Ausnahme der naturwissenschaftlichen im Schlosse gehalten, welches Kurfürst Clemens August im zweiten Viertel des vorigen Jahrhunderts als Residenz aufführen ließ. Brand und Kriegsverheerungen wurden zur französischen

---

[207] Gekleidet sind die Studenten vornehm, nicht in Verbindungsuniformen.

Zeit dem Gebäude verderblich; eine Zeitlang wurde eine Runkelrüben-Zuckerfabrik darin betrieben. Die preußische Regierung ließ es von Grund aus wieder herstellen und ausbauen. Es hat einen großen Umfang und nimmt weit über die Hälfte der südlichen <297> Stadtseite ein. Die Länge des Gebäudes beträgt 1280 F[uß]; an der Ostseite bildet das Michaels- oder Koblenzer Thor den Schluß. Außer den Hörsälen enthält es die Bibliothek von 150,000 Bänden mit einer großen Anzahl von Porträtbüsten und der reichen Münzsammlung {4000 römische und griechische, 400 mittelalterliche}, das ausgezeichnete Museum von {an 500} Gypsabgüssen, Statuen, Basreliefs, Gemmen u. dgl., das Museum vaterländischer Alterthümer […], das physikalische Cabinet, die große akademische Aula, sehenswerth wegen der Frescobilder von Cornelius und seinen Schülern Herrmann, Förster und Götzenberger, die vier Facultäten Theologie, Jurisprudenz, Medizin und Philosophie darstellend; die beiden letzten Facultäten sind von Götzenberger, jetzt Galleriedirektor in Mannheim, allein entworfen und ausgeführt. Die Aula zeigt der Oberpedell, links unter den Hallen des Universitätsgebäudes {Trinkgeld 5 S[ilber]gr[oschen]}, das Museum von Gypsabgüssen und das Museum vaterl. Alterthümer, der Bibliothekdiener, in der Bibliothek, dem Eingang zur Aula gegenüber, zu finden {Trinkgeld 7 ½ bis 10 Sgr.}. Indeß ist das Gypsmuseum Mittwoch und Samstag von 12 bis 1 U[hr], das Museum vaterl. Alterthümer Montag von 12 bis 1 U., die Bibliothek an diesen Tagen von 2 bis 4, sonst von 11 bis 12 U. für Jedermann geöffnet.

Das Museum rheinisch-westfälischer Alterthümer ist eine ausgedehnte und merkwürdige Sammlung von Denksteinen und andern Gegenständen und Ueberbleibseln aus der Römerzeit, welche in der Rheinprovinz und Westfalen aufgefunden wurden. […]« (Bädeker 1849, 296 f).

1876 C. Baedeker über Bonn und die Universität

»Die Südseite der alten Stadt nimmt das ehemalige Schloss ein, 1717-1730 von Joseph Clemens und Clemens August als kurfürstliche Residenz aufgeführt und nach einem Brande 1777 theilweise erneuert, jetzt Universitätsgebäude {Pl. B. 4,5}, das grösste in Deutschland, gegen 580 m lang. Das zweckmässig eingerichtet Innere enthält ausser den Hörsälen für sämmtliche Vorlesungen {mit Ausnahme der landwirthschaftlichen und einem Theil der naturwissenschaftlichen und medicinischen} die Bibliothek {Pl. 6; über 200,000 Bände, mit einer grossen Anzahl von Portraitbüsten, darunter Original-Marmorbüsten Niebuhr's, A. W. v. Schlegel's, E. M. Arndt's, F. G. Welcker's}, das Museum vaterländischer Alterthümer {s.u.}, das academ[ische] Kunstmuseum {s.u.} und das physical[ische] Cabinet. In der Aula {Schlüssel beim Oberpedell, links unter den Hallen, 75 Pf[ennige]} vier wenig hervorragende Freskobilder, die vier Fakultäten vorstellend, das erste, die Theologie, 1824 unter Cornelius Leitung begonnen und von dreien seiner Schüler, Förster, Götzenberger und Hermann, ausgeführt, die andern drei von Götzenberger allein.« (Baedeker 1876, 291).

1902 Kaisermanöver auf der Hofgartenwiese[lxv]

Abb. 61: Kaisermanöver auf der Hofgartenwiese, Photo 1902

1902 Hofgartenwiese[lxvi]

Abb. 62: Die Hofgartenwiese, Gemälde 1902

1909 E. Thöny: „Borussia Bonn" lxvii

Abb. 63: "Borussia Bonn", von Thöny 1909

„En bißchen peinlich ist es doch, wenn man noch besoffen im Bett liegt, und die Professoren kommen und machen ihre Antrittsvisiten." Simplicissimus 1909. – Oben rechts eine der 4 Laternen/Kuppeln der Uni Bonn.

Das Corps „Borussia" war die Studentenverbindug der preussischen Prinzen, z. B. des Prinzen Friedrich Wilhelm um 1850, des späteren Kaisers Friedrich III. (sein Photo in (Becker 2004, 47), und des Prinzen Wilhelm um 1877 (Wilhelm II.) (Becker 2004, 48).

1914 Bonn als Universitätsstadt[lxviii]

Abb. 64: Universität, Hofgartenseite, Foto 1914

1931 Die neue Aula der Universität[lxix]

Abb. 65: Die neue Aula, Foto ca. 1931

ca. 1920 Weinkeller[lxx]

Abb. 66: Fässer des Weinhauses Streng, in den 20er Jahren

1916 Kartoffelkeller[lxxi]

Abb. 67: Kartoffelkeller im dritten Kriegswinter

1916 Brotausgabe

Abb. 68: Brotausgabe, links heute die Garderobe

1916 Kriegsküche

Abb. 69: Die Kriegsküche, ehemals Küche der Klinik

ca. 1930 Stockentor[lxxii]

Abb. 70: Das Stockentor, aus der Innenstadt gesehen

1931 Der wiederaufgebaute Südflügel Am Hof[lxxiii]

Abb. 71: Die Strasse Am Hof, ca. 1931

1937 Kriegerdenkmal im Innenhof[lxxiv]

Abb. 72: Kriegerdenkmal, Foto 1937

1944-1951 Die stark zerstörte Universität^{lxxv}

Abb. 73: Die Universität, Hofgartenseite, Foto nach dem 18.10.1944

Abb. 74: Hofgartenseite mit *Regina Pacis*, Foto TimeLife 1945

1944 Der Innenhof[lxxvi]

Abb. 75: Der Innenhof, Photo 1944

1944 Der Nordost-Turm[lxxvii]

Abb. 76: Der Nordost-Turm, links der Eingang zum Ehrenhof, Photo 1944

Abb. 78: Die Hofgartenseite beim Wiederaufbau, 1950

Ein Standbild aus dem Film „Ohne Baedeker durch Bonn" (1949-1951): Ein Besucher trifft Studenten, die an der Hofgartenseite beim Wiederaufbau des Südflügels arbeiten. Auf dem Bild oben rechts ist die unversehrte *Regina pacis* erkennbar. (Külüs 1951)

Abb. 77: Im Ehrenhof, ganz links die Schloßkirche, Foto TimeLife 1945; siehe auch 1950: (Becker 2004, 98)

Abb. 79: Das Stockentor (verbreitert 1937), Foto TimeLife 1945

Abb. 80: Das ehemalige "Neue Appartment" und (rechts) das Stockentor 2022

1957 Die Universitätlxxviii

Abb. 81: Die Universität, Hauptgebäude, Foto 1957

Die nach dem Brand von 1777 erbaute neue Schloßkirche. Hier spielte der junge Beethoven die Orgel. Der Raum wird heute von der Evangelisch-Theologischen Fakultät betreut. Der Kurfürst betrat die Schlosskirche durch die Tür in der linken Galerie.

Abb. 82: In der Schloßkirche, 2022, und (Becker 2004, 89).

2013 Der Senatssaal^{lxxix}

Abb. 83: Der Senatssaal, 2013

Auch wenn der Raum mit modernem Mobiliar bestückt ist, lässt er dennoch von seinem früheren Aussehen erahnen.

2022 Hörssal VIII

Abb. 84: In einem Hörsaal der Gartenseite, 2022

1930 Das Koblenzer Tor[lxxx]

Abb. 85: Koblenzer oder Michaelstor, Gartenseite, Foto 1930 (?)

Es fehlt noch die zweite Durchfahrt, die 1950 links von dem eigentlichen Tor für den Autoverkehr in Richtung Süden durchgebrochen wurde. Oben auf dem Giebel – vor der Laterne – das vergoldete Standbild des hl. Michael (1750), das heute im Gebäude steht. Die Stiftung des Ritterordens vom Heiligen Michael erfolgte am 29. September 1693 durch Herzog Joseph Clemens von Bayern als Fürsterzbischof von Köln. Anders als die zur gleichen Zeit gegründete Erzbruderschaft St. Michael stand der Ritterorden nur dem Adel offen.

1965 Königin Elizabeth II. [lxxxi]

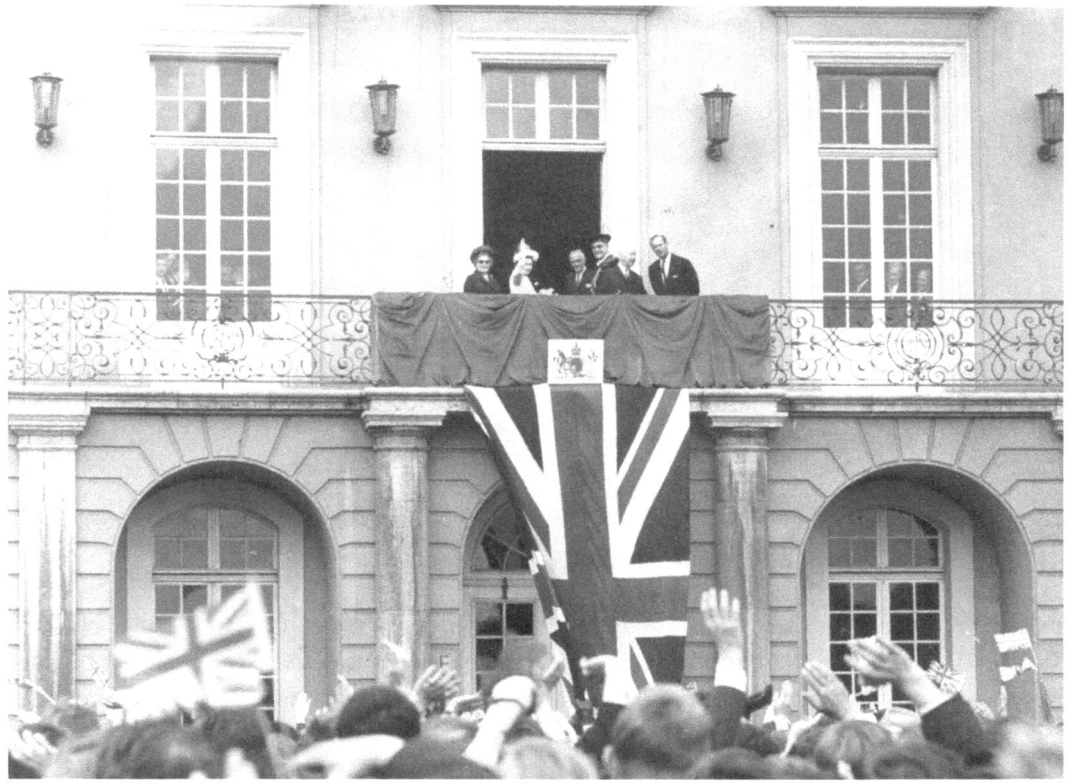

Abb. 86: Königin Elizabeth II. auf dem Balkon unter der Regina Pacis

1995 Stummfilmkino im Innenhof [lxxxii]

Abb. 87: Stummfilm im Innenhof

1968 ff Proteste und Demonstrationen^{lxxxiii}

Abb. 88: Demonstrationszug 1968 in Bonn, Am Hof

Studentischen Protest gab es seit der Mitte der 60er Jahre zuhauf, hier nach dem Attentat auf Rudi Dutschke am 11. April 1968. Die überfällige Bildungsreform, eine universitäre Mitbestimmung, der Krieg in Vietnam und die Aufarbeitung der NS-Vergangenheit waren immer wieder Themen der studentischen „Teach-ins" und „Sit-ins" im Hauptgebäude.

Abb. 89: Tagesschau vom 10.10.1981

Seit der Demonstration gegen die sog. Notstandsgesetze im Mai 1968 dient die Hofgartenwiese wiederholt als Versammlungsplatz der Demonstanten, so auch 1981 und 1982 gegen Aufrüstung und NATO-Doppelbeschluss, und in jüngster Zeit für eine andere Klimapolitik; das ehemalige Schloss gibt jedesmal eine ansehnliche Kulisse.

2006 Die Universität[lxxxiv]

Abb. 90: Hauptgebäude der Universität, Photo 2006

Heute beherbergt das Hauptgebäude neben Teilen der Verwaltung und den Hörsälen nur noch die philophische und die beiden theologischen Fakultäten; als letzte ist die juristische Fakultät 1967 ausgezogen. Für die nahe Zukunft steht eine Komplettsanierung des Gebäudes – auch wegen des Brandschutzes – an, geschätzte Dauer: 10 Jahre.

2017 Erkennungszeichen / Logo der Universität Bonn

Abb. 91: Logo bis 2017

Abb. 92: Logo ab 2017

2017 gab sich die Universität ein neues Logo – ohne Bezug auf das Schloss/Hauptgebäude.

Zeitleiste

Jahr	Monat	Tag	
691/692			erste Erwähnung der *Basilica Cassii et Florentii*
1288			Schlacht bei Worringen
1480			Bild: Verkündigung Mariens
1575			Bild des F. Hogenberg: *Verona nunc Bonna*
1583			EB Gebhard von Truchsess flieht aus Bonn
1584	1	28	Bild des F. Hogenberg: Kapitulation der Truchsessischen
1588			Bild des P. Pannensmit: Bonn
1612	2	17	Tod EB Ernst
1635			Bild des W. Hollar: Zollhaus
1646			Bild des M. Merian: Bonn
1650	9	13	Tod EB Ferdinand
1660			D. Papenbroich über Bonn
1673	11	13	Bild: Einnahme Bonns
1674			Bild des A. Storck: Zollhaus
1688	6	5	Tod EB Max Heinrich
1689	10		Zerstörung Bonns
1689			Bild van den Bos: *Verovering*
1690			C. Boethius über Bonn
1695			Pläne Zuccali's
1700			Weihe der Schlosskapelle
1713			A. Riva: Bonn
1715			Pläne de Cotte's
1715			Rückkehr EB Joseph Clemens' aus dem Exil
1722			M. Biber: Aufwartungsinstruktion
1723	11	12	Tod EB Joseph Clemens
1754			Bild des F. Rousseaux: Maskenball
1760			Casanova: Memoiren
1761			*Buen retiro* fertig
1761	2	6	Tod EB Clemens August
1777	1	15/16	Brand des Schlosses
1777			Gründung der Maxischen Akademie in der Bonngasse
1779			Beginn der Naturalien-Sammlung
1784	4	14	Tod EB Max Friedrich
1786			Gründung der kurfürstlichen Universität in der Bonngasse
1794	10	8	Flucht des EB Max Franz, Einmarsch der Franzosen
1794			Bilder Janscha/Ziegler
1798			Aufhebung der Universität durch die französische Besatzung
1799	1	21	Dekadentempel in der Schlosskirche

1801	7	26	Tod EB Max Franz in Österreich
1806			*Lycée*
1818	10	18	Gründung der preussischen Universität im ehemaligen Schloss
1901			Hauptmann: Das Innere des Schlosses
1926 ff			Wiederaufbau des Nordflügels Am Hof
1944	10	18	Bombenangriff auf Bonn
1957			Wiederaufbau abgeschlossen
1968			Vier Helme wiederaufgebaut

Abbildungsverzeichnis

Literaturverzeichnis

Bädeker, Karl. *Rheinreise von Basel bis Düsseldorf mit Ausflügen ..., 6. Aufl.* Koblenz: Bädeker, 1849.

Baedeker, Karl. *Die Rheinlande von der Schweizer bis zur holländischen Grenze. Handbuch für Reisende, 19. Aufl.* Leipzig: Baedeker, 1876.

Baumgart, Fritz. *Universität Bonn und Schloss Poppelsdorf.* Bonn: Scheur, 1937.

Becker, Thomas. *Rheinische Friedrich-Wilhelms-Universität Bonn. Ansichten - Einblicke - Rückblicke.* Erfurt: Sutton, 2004.

Bendfeldt, Nikolaus J., Hrsg. *Catalogi librorum ex bibliotheca electorali Coloniensi quae Bonnae fuit,.* Bd. 1. Hamburg: Eckermann, 1808.

Berger, Arno. *Blick auf Bonn in sechs Jahrhunderten.* Bonn, 2018.

Björnstaehl, Jakob Jonas. *Briefe auf seinen ausländischen Reisen an den königlichen Bibliothekar C.C. Gjörwell in Stockholm.* Übersetzung: Christian Heinrich Groskurd. Bd. 5. Leipzig/Rostock: Koppe, 1782.

Borger, Hugo. „Bemerkungen zur Entstehung der Stadt Bonn im Mittelalter." In *Aus Geschichte und Volkskunde von Stadt und Raum Bonn. Festschrift Josef Dietz*, Herausgeber: Ennen/Höroldt, 10 ff. Bonn: Röhrscheid, 1973.

Boucqueau. *Mémoire statistique du Département de Rhin-et-Moselle.* Paris: Imprimerie de la République, 1804.

Claßen/Rind/Schürmann/Trier, Hrsg. *Roms fliessende Grenzen. Archäologische Landesausstellung NRW.* Darmstadt: wbg Theiss, 2021.

Dockter, Jost. „Geschichte des Kurfürstlichen Schlosses in Bonn." *KuLaDig.* 2016. https://www.kuladig.de/Objektansicht/SWB-249727 (Zugriff am 1. Mai 2022).

Düwell, Kurt. *Das Schul- und Hochschulwesen der Rheinlande. Wissenschaft und Bildung seit 1815.* Bd. 3, in *Rheinische Geschichte*, Herausgeber: Petri/Droege, 465 ff. Düsseldorf: Schwann, 1979.

Eichhoff, Johann Peter. *Materialien zur geist- und weltlichen Statistick des niederrheinischen und westphälischen Kreises ...* Bde. I, 1. Erlangen: Palm, 1781.

Ennen, Edith. *Die kurkölnische Haupt- und Residenzstadt in einem Jahrhundert der friedlichen und glanzvollen Entwicklung.* Bd. 3, in *Geschichte der Stadt Bonn*, Herausgeber: Höroldt/van Rey, 205 ff. Bonn: Dümmler, 1989.

Ennen/Maurer/Valder-Knechtges. „Bonn unter französischer Herrschaft (1794-1814)." In *Bonn. Von einer französischen Bezirksstadt zur Bundeshauptstadt 1794-1989*, Herausgeber: Dietrich Höroldt, 9 ff. Bonn: Dümmler, 1989.

Eyzinger, Michael. *de leone belgico.* Köln, 1585.

Flörken, Norbert. *Aus dem Nachlass des Kurfürsten Clemens August. Gemälde, Diamanten, Porzellan & Uhren.* Norderstedt: Books on Demand, 2022.

Flörken, Norbert, Hrsg. *Der Truchsessische Krieg in Bonn und Umgebung. Ein Lesebuch.* Köln, 2014.

Flörken, Norbert, Hrsg. *Die Belagerung und Zerstörung Bonns 1689. Ein Lesebuch.* Köln: Universitäts- und Stadtbibliothek, 2015.

Flörken, Norbert, Hrsg. *Die dritte Belagerung Bonns 1703. Ein Lesebuch.* Norderstedt: Books on Demand, 2017.

Flörken, Norbert, Hrsg. *Die erste Belagerung Bonns 1673. Ein Lesebuch.* Norderstedt: Books on Demand, 2017.

Flörken, Norbert, Hrsg. *Franz Gerhard Wegeler. Ein Freund Beethovens. Reden und Schriften.* Bonn: BonnBuchVerlag, 2019.

Flörken, Norbert, Hrsg. *Vogel: Chorographia Bonnensis 1766-1773.* Bonn: BonnBuchVerlag, 2020.

Fokke Simonsz, Arend. *Beknopte Beschrijving van den Rhijn-Stroom, benevens de Steden, Dorpen ..., 2. Aufl.* Amsterdam: Saakes, A.B., 1796.

Fossier, François. *Les dessins du fonds Robert de Cotte de la Bibliothèque nationale de France. Architecture et décor.* Paris: Bibliotheque nationale de France, 1997.

Geppert, Dominik, Hrsg. *Preußens Rhein-Universität 1818-1918. Geschichte der Universität Bonn. Bd. 1.* Göttingen: V&R unipress, 2018.

Hansen, Joseph. *Quellen zur Geschichte des Rheinlandes im Zeitalter der Französischen Revolution 1780-1801. Band 4.* Bonn: Hanstein, 1938.

Hartmann, Eric. „Ausstattungsprojekte für den Buen-Retiro-Flügel 1715-23." In *Das kurfürstliche Schloß in Bonn*, Herausgeber: Georg Satzinger, 57 ff. München: Deutscher Kunstverlag, 2007.

Hartmann, Eric. „Die Baugeschichte von 1723-1777." In *Das kurfürstliche Schloss in Bonn*, Herausgeber: Georg Satzinger, 67 ff. München: Deutscher Kunstverlag, 2007.

Hauptmann, Felix. *Das Innere des Bonner Schlosses zur Zeit Clemens Augusts.* Bonn: Hauptmann, 1901.

—. *Das Innere des Bonner Schlosses zur Zeit Clemens Augusts.* Bonn: Hauptmann, 1901.

Heisterberg, Marion. „Der Neubau unter Enrico Zuccali 1697-1702." In *Das kurfürstliche Schloss in Bonn*, Herausgeber: Georg Satzinger, 19 ff. München: Deutscher Kunstverlag, 2007.

Hesse, Werner. *Der grosse Brand des kurfürstlichen Schlosses zu Bonn am 15. Januar 1777, 2. Aufl.* Bonn: Hanstein, 1882.

—. *Geschichte der Stadt Bonn während der französischen Herrschaft (1792-1815).* Bonn: Lempertz, 1879.

Höpfner, Hans-Paul. „Rezension Flörken, Das Kurfürstliche Schloss zu Bonn." *Das Historisch-Politische Buch*, 2021.

Horn, Heinz Günter, Hrsg. *Die Römer in Nordrhein-Westfalen.* Stuttgart: Theiss, 1987.

Hundeshagen, Bernhard. *Die Stadt und Universität Bonn am Rhein. Mit ihren Umgebungen ...* Bonn: Habicht, 1832.

Indenbirken, Florian. „Das Schloss im 16. und 17. Jahrhundert." In *Das kurfürstliche Schloss in Bonn*, Herausgeber: Georg Satzinger, 11 ff. München: Deutscher Kunstverlag, 2007.

Jahrbuch der Preußischen Rhein-Universität. Bd. 1. Bonn: Weber, 1821.

Jahrbuch der Preußischen Rhein-Universität. Bd. 1. Bonn: Weber, 1819.

Janscha/Ziegler. *Collection de 50 vues du Rhin les plus interessantes ... 1792.* Herausgeber: Norbert Flörken. Bonn: Kid, 2021.

Klebe, Friedrich Albert. *Reise auf dem Rhein, durch die teutschen Rheinländer, und die französischen Departements des Donnersbergs, des Rheins und der Mosel und der Roer, Vom Julius bis Decembre 1800*. Frankfurt am Main: Eßlinger, 1801.

Knopp, Gisbert. „Alt-St. Remigius - nicht nur Beethovens Taufkirche ..." In *Beethoven. Die Bonner Jahre*, Herausgeber: Norbert Schloßmacher, 53 ff. Wien/Köln/Weimar: Böhlau, 2020.

Krohn, Vanesa. "*Pietas Bavarica*" am Rhein. Münster: Rhema, 2019.

Ohne Baedeker durch Bonn. Regie: Rudolf Külüs. Produzent: Sparkasse Bonn. 1951.

Lang. *Reise auf dem Rhein von Mainz bis Andernach 1789*. Herausgeber: Norbert Flörken. Bonn: Kid, 2019.

Lang, Joseph Gregor. *Reise auf dem Rhein. (2) Vom Siebengebirge bis Düsseldorf.* Koblenz: Himmer, 1791.

Lange, Sigrid. *Bonn im Blick. Druckgraphische Ansichten vom 16. bis zum 20. Jahrhundert*. Herausgeber: Ingrid Bodsch. Bonn: Stadtmuseum, 2012.

Levison, Wilhelm. *Aus rheinischer und fränkischer Frühzeit. Ausgewählte Aufsätze.* Düsseldorf: Schwann, 1948.

Maurer/Maurer. *200 Jahre Lese- und Erholungs-Gesellschaft Bonn 1787-1987.* Bonn: Lese-Gesellschaft, 1987.

Maurer/Maurer, Hrsg. *Bonn. Ein Städte-Lesebuch.* Frankfurt/Main: Insel, 1990.

Meisner, Daniel, Hrsg. *Thesaurus philo-politicus / Politischen Schatzkästleins Achter und letzter Theil.* Frankfurt: Kieser, 1626.

Mikolajczak, Katja. „Das Schloss während der französischen Besatzung ." In *Das kurfürstliche Schloss in Bonn*, 119 f. München: Deutscher Kunstverlag, 2007.

Möller, Sarah. „Neuplanungen und Weiterbau unter Kurfürst Joseph Clemens und Robert de Cotte 1713-1723." In *Das kurfürstliche Schloss in Bonn*, Herausgeber: Georg Satzinger, 49 ff. München: Deutscher Kunstverlag, 2007.

Müller, Hans Paul. „Oberländer und Bönder." In *Beueler Miniaturen*, Herausgeber: Hans Paul Müller, 31 ff. Bonn: Kid, 2020.

Niessen, Josef. *Geschichte der Stadt Bonn, 1. Teil.* Bonn: Dümmler, 1956.

NN. *Bonn in alten Graphiken.* Köln: Bachem, 1971.

—. *Briefe eines Reisenden an seinen Freund ...* Herausgeber: Norbert Flörken. Bonn: Kid, 2022.

—. *Die rheinische Friedrich-Wilhelms-Universität zu Bonn.* Bonn: Cohen, 1839.

—. *Gruendlich und ausfuehrliches Diarium oder wahrer Bericht ... [1688 Bonn].* Leipzig, 1689.

NN. „Nachrichten von verschiedenen Orten." *Paderbornisches Intelligenzblatt*, Jan 1777: 4.

NN. „Rheinstrom." *Kölnischer eilfertiger Welt- und Staats-Both*, Jan 1777: 3.

NN. „Vermischte Neuigkeiten von verschiedenen Orten." *Münsterisches Intelligenzblatt*, Jan 1777: 3.

Pick, Richard. „Zwei Handschriften aus dem ehemaligen Minoritenkloster zu Bonn." *AHVN*, 1885.

Reinking, Lars. *Stein und Geist.* Essen: Klartext, 2008.

Renard, E. „Die Bauten der Kurfürsten Joseph Clemens und Clemens August von Köln, I." *Bonner Jahrbücher*, 1896: 164 ff.

—. „Die Bauten der Kurfürsten Joseph Clemens und Clemens August von Köln, II." *Bonner Jahrbücher*, 1896: 1 ff.

Renger, Christian. *Die Gründung und Einrichtung der Universität Bonn und die Berufungspolitik des Kultusministers Altenstein.* Bonn: Röhrscheid, 1982.

Riemer, Ilse. *Bildchronik der Bonner Universität. Ein Rückblick ins 19. Jahrhundert.* Bonn: Stollfuss, 1968.

Satzinger, Georg, Hrsg. *Das kurfürstliche Schloß in Bonn. Residenz der Kölner Erzbischöfe ...* München: Deutscher Kunstverlag, 2007.

Schoenebeck, B.C. *Mahlerische Reise am Nieder-Rhein.* Herausgeber: Norbert Flörken. Bonn: Kid Verlag, 2018.

Schreiber, Alois Wilhelm. *Mahlerische Ansichten des Rheins von Mainz bis Düsseldorf.* Frankfurt am Mayn: Wilmans, 1806.

Schütze, Christian, Hrsg. *Das Beste aus dem Simplicissimus.* [München]: [Scherz], [1975].

Städtisches Verkehrsamt, Hrsg. *Bonn am Rhein als Universitätsstadt. Ein Wegweiser für die akademische Jugend.* Bonn, [1914].

van den Bos, Lambert. *Schau-platz des Krieges ... gegen die Staten der Vereinigten Niederlande ...* Amstderdam: Meurs/Someren, 1675 ff.

Venator & Hanstein. *Bücher Graphik Autographen. Katalog 136.* Köln, 2015.

von Breuning, Gerhard. *Aus dem Schwarzspanierhause. Erinnerungen an Ludwig van Beethoven aus meiner Jugendzeit, Nachdruck 1907.* Hildesheim, New York: Olms, 1970.

Wolf, Hubert. *Der Unfehlbare. Pius IX. und die Erfindung des Katholizismus im 19. Jahrhundert.* München: Beck, 2020.

Wolfshohl, Alexander. *"Lichtstrahlen der Aufklärung". Die Bonner Lese-Gesellschaft. Geistiger Nährboden für Beethoven und seine Zeitgenossen.* Bonn: Beethoven-Haus, 2018.

Index

Cabinet: siehe auch Kabinet

Nachweis der Bilder und Dokumente

[i] Siehe (Niessen 1956, 123).

[ii] (Hesse, Geschichte der Stadt Bonn während der französischen Herrschaft (1792-1815) 1879, 192 f) und (Hansen 1938, 1220).

[iii] StA Bonn; (Berger 2018), Abb. 1 (Seite 32); (Lange 2012, 42 f).

[iv] StA (Eyzinger 1585, 587); (Lange 2012, 44).

[v] StA, Signatur DA06_1249, mit fr. Genehmigung; (Berger 2018), Abb. 6 (Seite 39).

[vi] (Ennen 1989, 353). Siehe auch (Indenbirken 2007, 11).

[vii] (Meisner 1626), # 373.

[viii] StA, Signatur DA06_0193, mit fr. Genehmigung.

[ix] StA, Signatur DA06_0316-2, mit fr. Genehmigung; ebenso in Rijksmuseum, http://wwwhdl.handle.net/10934/RM0001.COLLECT.32214; vgl. (Lange 2012, 48).

[x] StM, Signatur 1991_G319, mit freundl. Genehmigung.

[xi] StA; (Ennen 1989, 353); (Berger 2018) Abb. 10, Seite 43; (Lange 2012, 47).

[xii] Nach: (Ennen 1989, 354). Siehe auch (Indenbirken 2007, 11 ff).

[xiii] (Eichhoff 1781, 168).

[xiv] Nach: (Ennen 1989, 354 f). Siehe auch (Indenbirken 2007, 14 f).

[xv] (van den Bos 1675 ff, 154).

[xvi] „Beschreibung der bedauernswerten Stadt Bonn und des Minoritenklosters", verfasst von dem Minoritenpater Anton Wissing, nach: (Flörken, Die Belagerung und Zerstörung Bonns 1689. Ein Lesebuch. 2015, 61 ff).

[xvii] StA, Signatur BA-071-60; auch SBB Berlin, Kart. X 20079; (Berger 2018) Abb. 19, Seite 53.

[xviii] gallica.bnf.fr, Signatur btv1b53063303k; (Berger 2018) Abb. 20., Seite 54.

[xix] (Hauptmann, Das Innere des Bonner Schlosses zur Zeit Clemens Augusts 1901).

[xx] Auszüge aus (Hauptmann, Das Innere des Bonner Schlosses zur Zeit Clemens Augusts 1901); die Anmerkungen Hauptmanns über den Verbleib der Stücke innerhalb der Schlösser wurden weggelassen. Bild aus: gallica.bnf.fr, Signatur btv1b530608522.

[xxi] (Venator & Hanstein 2015) mit freundl. Genehmigung.

[xxii] (Reinking 2008, 89 f).

[xxiii] (Fossier 1997) Nr. 352,10; bei (Satzinger 2007, 21); (Renard, Die Bauten der Kurfürsten Joseph Clemens und Clemens August von Köln, I 1896, 198).

[xxiv] (Fossier 1997) Nr. 352,9; bei (Satzinger 2007, 24) ; (Renard, Die Bauten der Kurfürsten Joseph Clemens und Clemens August von Köln, I 1896, 185).

[xxv] gallica.bnf.fr, Signatur btv1b530608327; (Fossier 1997) Nr. 352,4.

[xxvi] gallica.bnf.fr, Signatur btv1b72006488 ; [Bonn, palais du *Buen retiro*] Autre plan du premier étage du palais : [dessin] - 1715 - Bibliothèque nationale de France, France - No Copyright - Other Known Legal Restrictions. https://www.europeana.eu/de/item/9200518/ark__12148_btv1b72006488.

[xxvii] gallica.bnf.fr, Signatur btv1b53060824q. Die weiteren handschriftlichen Notizen sind nicht zu entziffern. Siehe (Hartmann, Ausstattungsprojekte für den Buen-Retiro-Flügel 1715-23 2007, 60).

[xxviii] gallica.bnf.fr, Signatur btv1b53060847w ; (Fossier 1997) Nr. 352,20; [Bonn, palais du Buen Retiro] Grande Salle 220 - 1717 - Bibliothèque nationale de France, France - No Copyright - Other Known Legal Restrictions. – https://www.europeana.eu/de/item/9200518/ark__12148_btv1b53060847w.

[xxix] gallica.bnf.fr, Signatur btv1b53060840r; [Bonn, palais du Buen Retiro] Antichambre 220. Vestibule d'entrée - 1717 - Bibliothèque nationale de France, France - No Copyright - Other Known Legal Restrictions. – https://www.europeana.eu/de/item/9200518/ark__12148_btv1b53060840r.

xxx gallica.bnf.fr, [Bonn, palais du Buen Retiro : élévation de la face à 5 fenêtres vis-à-vis de la cheminée du Grand Cabinet de glaces] : [dessin] | Gallica (bnf.fr).

xxxi gallica.bnf.fr, Signatur btv1b530670856v; (Fossier 1997) Nr. 352,27 ; [Bonn, palais] Salle des bains - 1717 - Bibliothèque nationale de France, France - No Copyright - Other Known Legal Restrictions. https://www.euro-peana.eu/de/item/9200518/ark__12148_btv1b53060856v.

xxxii (Fossier 1997) Nr. 352,31; [Bonn, palais du Buen Retiro] Différentes décorations de cheminées pour les appartements du palais : [dessin] - Bibliothèque nationale de France, France - No Copyright - Other Known Legal Restrictions. – https://www.europeana.eu/de/item/9200518/ark__12148_btv1b72006614.

xxxiii UA SBS-655_8; Photograph Dr. Esser, Bonn.

xxxiv (Flörken, Vogel: Chorographia Bonnensis 1766-1773 2020, 160).

xxxv http://www.westfaelische-geschichte.de am 14.12.2010.

xxxvi StA, Signatur DA06_0131_m, mit fr. Genehmigung; Wikipedia; (Lange 2012, 50).

xxxvii (Schreiber 1806).

xxxviii Fotograf Gerhard Sachsse, in StA, Signatur DA01_04200-03; mit freundl. Genehmigung.

xxxix https://www.projekt-gutenberg.org/casanova/band03/chap13.html; auch in (Maurer/Maurer, Bonn. Ein Städte-Lesebuch 1990, 147 ff).

xl Beethoven-Haus Bonn, Signatur NE 81, Band I, Nr. 18.

xli (NN, Bonn in alten Graphiken 1971) # 14.

xlii (Fokke Simonsz 1796, 106).

xliii StA; (Lange 2012, 54); (NN, Bonn in alten Graphiken 1971) # 15.

xliv Nach (Hesse, Der grosse Brand des kurfürstlichen Schlosses zu Bonn am 15. Januar 1777, 2. Aufl. 1882).

xlv StM, Signatur 1991_G281, mit freundl. Genehmigung.

xlvi StA, DA06_228, mit fr. Genehmigung.

xlvii Prospect der Feuersbrunst in der Churfürstlichen Residenz zu Bonn 1777. 15. Ian. von Leizelt, Balthazar Friedrich (17..-17..?). Graveur - 1780 - Bibliothèque nationale de France, France - No Copyright - Other Known Legal Restrictions. https://www.europeana.eu/de/item/9200518/ark__12148_btv1b69493120

xlviii (Schoenebeck 2018).

xlix (Lang 2019, 276 ff).

l antiquariat-paulusch.de/neuzugaenge-oktober-2015/; vgl. (Lange 2012, 55).

li Wikipedia, in schwarz/weiss auch in Rheinisches Bildarchiv Köln, rba_mf106002.

lii Photograph Plesser, StA, Signatur DA01-00847-07_p, mit fr. Genehmigung.

liii (Janscha/Ziegler 2021, 35 ff).

liv (Hesse, Geschichte der Stadt Bonn während der französischen Herrschaft (1792-1815) 1879, 279).

lv (Boucqueau 1804, 35).

lvi LAV NRW, RW-Karten-03755; (Berger 2018) Abb. 38, Seite 81.

lvii Wochenblatt vom 12.3.08.

lviii Rheinischer Städteatlas.

lix Goethe: Kunstschätze an Rhein, Main und Neckar 1814 und 1815, in: Goethes sämtliche Werke, Band 25, Stuttgart (Cotta/Kröner) S. 196.

lx (Jahrbuch der Preußischen Rhein-Universität 1819, 14 ff), ULB Bonn, urn:nbn:de:hbz:5:1-242107.

lxi LAV NRW, Karten A, Signatur Nr. 19925. Druck in (Jahrbuch der Preußischen Rhein-Universität 1821).

lxii (Jahrbuch der Preußischen Rhein-Universität 1821, 270 ff); ULB Bonn, urn:nbn:de:hbz:5:1-242107.

lxiii (Hundeshagen 1832); vgl. (NN, Bonn in alten Graphiken 1971) # 16. Vergleichbar auch der Stich von Jakob Wilhelm Christian Roux von 1821: (NN, Bonn in alten Graphiken 1971) # 22. .

lxiv Diese Abbildungen und die folgenden aus: (NN, Die rheinische Friedrich-Wilhelms-Universität zu Bonn 1839), siehe auch (Becker 2004, 31 ff).

lxv StA, DA01_00954-01, mit fr. Genehmigung, ähnlich auch in (Becker 2004, 50).

[lxvi] https://creativecommons.org/licenses/by-nc-sa/3.0/de/ Museum Wolmirstedt.

[lxvii] (Schütze [1975], 116).

[lxviii] (Städtisches Verkehrsamt [1914]).

[lxix] StA, DA01_A-08548-08, mit fr. Genehmigung, und (Becker 2004, 88).

[lxx] UA SBS-716.

[lxxi] Diese und die folgenden Abbildungen von H. Gross, UM Bonn; siehe auch (Becker 2004, 81 ff)

[lxxii] UA SBS-146; Photograph Alex Keller.

[lxxiii] StA, DA01_A-08548-05, mit fr. Genehmigung, und (Becker 2004, 85).

[lxxiv] (Baumgart 1937) # 10, Foto Oskar Heidensleben, und (Becker 2004, 90): Einweihung.

[lxxv] UA, Foto Alex Keller, und (Becker 2004, 96). Im UA sind zahlreiche weitere Photos des zerstörten Hauptgebäudes vorhanden.

[lxxvi] UA, Foto Alex Keller.

[lxxvii] UA, Foto Alex Keller, und (Becker 2004, 96).

[lxxviii] Kurfürstliches Schloss Bonn von Möbius, Walter (Herstellung) (Fotograf) - Deutsche Fotothek, Germany - CC BY-SA und Kurfürstliches Schloss Bonn von Möbius, Walter (Herstellung) (Fotograf) - Deutsche Fotothek, Germany - CC BY-SA. https://www.europeana.eu/de/item/437/item_CGPI33ZLXUE5WKRS5BKKIXGEPD4XAH57.

[lxxix] Axel Kirch / CC BY-SA 4.0 (via Wikimedia Commons).

[lxxx] Bildarchiv Foto Marburg, Signatur fm820594, mit fr. Genehmigung.

[lxxxi] UA SBS-356; Photograph unbekannt.

[lxxxii] UA SBS-404; Photograph Christoph Pfeifer.

[lxxxiii] Handelsblatt vom 5.4.2018.

[lxxxiv] Hans-Dieter Weber, Wikimedia Commons, CC-by 4.0.